Hayykitap - 367
Herkes İçin Tasavvuf - 34

Hiç
Faruk Yiğit Araz

Kapak ve Sayfa Tasarımı: Turgut Kasay

ISBN: 978-605-9841-73-3

1. Baskı: İstanbul, Ocak 2017
6. Baskı: İstanbul, Eylül 2019

Baskı: Yıkılmazlar Basım Yay.
Prom. ve Kağıt San. Tic. Ltd. Şti.
Evren Mah. Gülbahar Cad. No: 62/C
Güneşli - İstanbul
Sertifika No: 11965
Tel: 0212 630 64 73

Hayykitap
Zeytinoğlu Cad. Şehit Erdoğan İban Sk.
No: 36 Akatlar, Beşiktaş 34335 İstanbul
Tel: 0212 352 00 50 Faks: 0212 352 00 51
info@hayykitap.com
www.hayykitap.com
facebook.com/hayykitap
twitter.com/hayykitap
Sertifika No: 12408

Hiç

Faruk Yiğit Araz

Faruk Yiğit Araz

1993 Muş doğumludur. Muş Alparslan Üniversitesi Muhasebe ve Vergi Uygulamaları Bölümü'nü tamamlamadan bırakan yazar, radyo programcılığı yapmaktadır.

Hayykitap'tan yayımlanan kitapları:
Hiç, Ocak 2017
Vav Uğruna, Ekim 2015

Önsöz

Söze nereden ve nasıl başlarsak başlayalım, ne kadar yazarsak yazalım hep kısa, hep bir şeyler eksik hep bir şeyler yarım kalır. Sözün önde geleni O'nun (c.c.) ve sayesinde dünyayı yarattığı kulu (s.a.v.)'in sözüdür. Bu kitabın maksadı, okuyanın 'Allah razı olsun' zekâtına talip olmaktır. Bunca konuşan arasında yazmak, en büyük devrimdir. "Sen öğüt verip hatırlat, muhakkak öğütle hatırlatma müminlere yarar sağlar"[1] ayeti ve "Din nasihattir, samimiyettir" hadis-i şerifi ile yola çıktık. Konuşarak anlaşamadığımızın verdiği üzüntü ve yazarak anlaşılmanın verdiği buruk sevinç ile yazmaya başladık. Elinizde tuttuğunuz kitap, insanoğluna hâlâ umut olduğunu aşılamak, karanlık sokaklarda, çıkmaz yollarda bir aydınlık ve bir çıkar olduğunu hatırlatmaktır. 'İmkânlarım dardır diyene Allah vardır' demektir. 'Eyvah' demeden 'Allah' dedirtebilmektir. İnsana şayeste olan şey ne ise Allah için onu hatırlatmak ve iki göğsünün ortasında 'vicdan' denilen yerde kalbi aralayan perdenin ardındaki muazzam kuvveti yad ettirmektir. Ümit ediyoruz ki hayırlara vesile olur. 'Bu kitap sizi âlim yapmaz ama birer tevekkül edici kul yapar.' Bu dünyada hiçbir şeyin sebepsiz olmadığını, sebeplerin yalnızca birer perde olduğunu ve kurtuluşu türlü türlü vesileler ile Allah'ın önümüze sunduğunu ve bu kitabın da sizlere bir vesile olması umudunu zerk ediyoruz damarlarımıza. Tasavvufun, 'Sen, ben yok. Biz varız' düsturu ile toplamaktır gayemiz bizleri, bize. Okuyacağınız bu kitapta bazen altını çizip bazen üstünü çizeceğiniz cümlelere denk gelebilirsiniz. 'Sanki beni yazmış'

---

[1] Zariyyat / 55

diyeceğiniz her cümle için kısa bir not, 'Sizi yazan, sizi bahseden en muhteşem kitap, Kuran-ı Kerim'dir'.

Gayemiz, Allah'ın rızasına ermekten başka bir şey değildir. Söz uçar, yazı uçar ama yürekte mana kalır. Madde âleminde bir cümlemiz ile, muamma olan imtihanlara mana verebiliyorsak ne mutlu bize. Ne kadar okursak okuyalım, ne kadar tahsil ile yükselirsek yükselelim, kendimizi okumadıktan sonra, anlamadıktan sonra, ne kadar cahil olduğumuzu bildirmektir. Gençliğin verdiği, fani işlerin verdiği meşguliyetten silkelemek ve 'Kendine gel! Sen kimsin?' dedirtebilmektir. İnsanı, aslına ve asıl olana geri getirmektir.

Görüş ve önerilerinizi, farukygtaraz@hotmail.com adresine iletebilirsiniz.

Allah'ın selamı, rahmeti üzerinize olsun.

GİRİŞ

Cennetin kapıları olması ümidi ile...

Bismi-Hu

Nûn ve Sâd' hakkı için,
Yaz beni ey kalem!

Allah'ım,
Efendimiz Muhammed (s.a.v.)'e,
Arşı var ettiğin günden yok edeceğin vakte kadar, bu vakit içinde yarattığın bütün canlıların her nefes alışverişi adedince, attıkları her adım, bundan sonra alacakları her nefes alışverişi ve atacakları her adım adedince salat ve selam eyle...

Efendimiz Muhammed (s.a.v.)'e,
Çayırların, derelerin, göllerin, nehirlerin, denizlerin ve okyanusların kıyıya çarpan su damlacıklarının çıkarttığı köpükler adedince, Medine ve Mekke arasındaki gelip giden, esip savrulan, yanıp kavrulan çöllerdeki her kum tanesi adedince salat ve selam eyle...

Efendimiz Muhammed (s.a.v.)'e,
Gürleyip, toplayıp, haykırıp ve boşaltıp yeryüzüne akın akın yağmur yağdıran bulut parçacıkları kadar ve kâinatı kuşatıp toprağın alnından öpen yağmur damlaları adedince, gökyüzünde kanat çırpan kuşların çırptıkları her kanat ve bundan sonra çırpacakları her kanat adedince salat ve selam eyle...

Efendimiz Muhammed (s.a.v.)'e,
Duaya açılan eller kadar, o ellerin sahipleri kadar, elle-

rinin sahibinin yüzündeki keder çizgileri kadar, o ellerin parmakları, parmaklara işleyen deriler kadar, derinin altındaki damarlar kadar, o damarlar içinde akıp giden her kan pıhtısı kadar, atıp duran kalp ritmi adedince, gözlerindeki kirpikler, kirpiklerin açılıp kapandığı sayı adedince, saç uçlarından topuk bitimine kadar aynı tempoyla çalışıp, vücudu sükûnete vardıran huzur adedince salat ve selam eyle...

Efendimiz Muhammed (s.a.v.)'e,
Kıyama duran vücutlar, rükû'ya bükülen beller, secdeye baş veren alınlar adedince, Kuran-ı Kerim'in her harfi ve her harfinin verdiği mana adedince, okuyan dillerin kuruyup yudum yudum içtiği her su katresi adedince, salat ve selam eyle...

Efendimiz Muhammed (s.a.v.)'e,
Yarattığın vakitten yevmûlkıyamete kadar, var ettiğin ister mecusi, ister putperest, ister sekülarist, ister ateist ve ister mümin kullarının tükettiği her cümle, her cümle içinde geçen kelimeler ve kelimenin heceleri adedince ve susup içinde tükettiği, içine attığı her cümle adedince salat ve selam eyle...

Efendimiz Muhammed (s.a.v.)'e,
İnsanoğlunun henüz ayak basmadığı coğrafyalarda, tohumu senden, toprağı yerden ve suyu gökten gelip yeşeren ağaçlar kadar, her ağacın dalları, her daldaki yaprak, her yaprağa işlenmiş damarlar adedince ve yere düşen her yaprağın toprağı öpüşü kadar salat ve selam eyle...

Efendimiz Muhammed (s.a.v.)'e,
Arşın rahmini yırtan, göklere açılan minareler adedince,

dikilmiş, temeli atılmış her cami ve her cami için kullanılan tuğlalar adedince, serilen her seccade ve her seccade üzerindeki hat adedince, o hattı işleyen hattatın tek tek iğneleyerek kumaşa işlediği sayı adedince salat ve selam eyle...

Efendimiz Muhammed (s.a.v.)'e,
Kabirlerin üzerindeki yeşeren otlar, güller, laleler adedince ve her kabrin üzerine yapılan karınca yuvaları ve rızkını sırtına kendi ağırlığının üç mislini verip kuvvetlendirdiğin karıncalar adedince salat ve selam eyle...

Efendimiz Muhammed (s.a.v.)'e,
Zikredilen tespih taneleri adedince, abdest alırken yerlere damlayan her su tanesi adedince, huşu ile kılınan namazlar içinde dökülen her gözyaşı adedince ve bundan sonra da yerlere damlayacak her su tanesi, her gözyaşı adedince salat ve selam eyle...

Efendimiz Muhammed (s.a.v.)'e,
Gökyüzünde kanat çırpıp şakıyan kuşların şakıdığı sayı adedince, yuvalayıp zerre zerre petekleyen arılar adedince ve ürettiği bal kovanlarının adedince salat ve selam eyle...

Efendimiz Muhammed (s.a.v.)'e,
Okunan ezanlar ve o çağrıya davet edilen insanlar adedince, dillerden dökülen tekbirler adedince salat ve selam eyle...

Efendimiz Muhammed (s.a.v.)'e,
İndirilen hatm-i şerifler adedince, edilen dualar sayısınca ve birbirlerini tanımadıkları halde elest bezmindeki muhabbetlerini hatırlayıp birbirlerini 'Allah için seven'

kullarının birbirlerine tebessüm ile verdiği selamlar adedince salat ve selam eyle...

Efendimiz Muhammed (s.a.v.)'e,
Gözün görmediği, takılıp kaldığı, dikkat etmediği her zerre adedince salat ve selam eyle...

Efendimiz Muhammed (s.a.v.)'e,
Arşı kilim yapıp, üzerine indirdiğin dağlar adedince ve gökyüzünü ahenk ahenk kuşatıp sanatkârına hamd ettiren yıldızlar, gök taşları, dolunay ve parıltısının yansıttığı güneşin, parlattığı her mualla zerresince salat ve selam eyle...

Efendimiz Muhammed (s.a.v.)'e,
Safa Merve'den, Arafat ile Uhud arasında, Mekke-i Mükerreme ve Medine-i Münevvere arasında, kızgın güneşin sıcaklığı altında koşturup yorulan salih kullarının alnındaki boncuk boncuk kabaran terler adedince salat ve selam eyle...

Efendimiz Muhammed (s.a.v.)'e,
Vatan, bayrak, namus, din ve toprak için savaşan mücahitlerinin sıktığı her kurşun adedince, kurşunun içindeki her barut tanesi kadar, çıkan ve kulakları inleten silah seslerince, çekilen kılıçlar ve kılıcı sallayan kolların sağa sola çevirdiği her sayı adedince, arşa yetişip gökyüzünde dağılan tekbir ve naralar adedince salat ve selam eyle...

Efendimiz Muhammed (s.a.v.)'e,
Esma-ül Hüsna'nın ululuğu, Rahman isminin rahmet büyüklüğünden Kahhar isminin azap büyüklüğüne ve diğer sıfatlarının şayeste yüceliğince salat ve selam eyle...

Efendimiz Muhammed (s.a.v.)'e,
Kuru topraklarda, kırmızı topraklarda yeşeren ve esmerleşen ve zamanla kızıllaşan buğday taneleri sayısınca, coşkun suların altında durmadan koşuşturan balıklar adedince, çıkardıkları her baloncuk tanesi, doğurdukları yumurta ve üzerlerindeki her pul tanesince salat ve selam eyle.

Efendimiz Muhammed (s.a.v.)'e,
Kanatlanıp gökyüzünde uçuşan bütün canlıların çırptıkları, baktıkları ve durakladıkları yerler adedince, yeryüzü ile gökyüzü arasında seyr-ü sefer yapan bütün melaikelerin iniş çıkışı sayısınca, cinlerin, perilerin ve hurilerin adedince, salat ve selam eyle...

Efendimiz Muhammed (s.a.v.)'e,
Kâbe'nin mübarek taşları sayısı, üzerindeki siyah örtü ağırlığı ve etrafında gezinen adımlar sayısınca, her tavaf ve her 'lebbeyk' haykırışı kadar salat ve selam eyle...

Efendimiz Muhammed (s.a.v.)'e,
İman etmiş tek bir mümin kalana dek, dünyanın son damlasını damlatacağı ana kadar, bu vakitler içinde yapılacak iyi kötü her amel sayısınca salat ve selam eyle...
O (s.a.v.)'nu vaat ettiğin Makam-ı Mahmud'a ulaştır...

Bu da Geçer Ya Hu!

Yüzünü kıbleye döndükten sonra,
Sırtının emanetçisi 'Allah' olur...

Geçer dostum geçer. Bu hayatta kalıcı olan ne ki? Oyun ve eğlenceden ibaret[2] olan aldatıcı dünya kime kaldı ki? Vicdan azabıyla uyutmayan geceler, sancılarla ağırladığın kesif saatler, gözlerinin feri sönünceye kadar tek bir noktaya takılıp hayalini avuttuğun ve dimağında canlandırdığın külfetler; geçer dostum, inan geçer. Bizler inançlı gençleriz. Ne dertleri, ne çaresizlikleri misafir ettik gönül soframıza. Ne imtihanlardan geçtik, ne acılar çektik, nice sevdiklerimizden vazgeçtik.

'Geçmez' dedik, geçti!

Şimdi içini kemiren, kor ateşlerde yakan bu imtihana bir inşirah üfle sur nefesiyle. De ki,

'Bu da Geçer Ya Hu! Bu da Geçer!'

Ve bu dert geçmeli, geçmeli ki, bir yinesi gelsin yeniden. Çünkü her yeni, yine olacak yeniden.

"Ölçüde haddi aşmayın yeter!"[3] Çünkü biz inançlıyız. Çünkü bize müjde var gök kubbenin üstünden; "Rabbini yücelt. Nefsini arındır, Rabbinin rızasına ermek için sabret[4] çünkü insan için ancak çalıştığı vardır.[5] Şüphesiz güldüren

[2] En'am / 32
[3] Rahman / 8
[4] Müzemmil / 8, Müddesir / 3, 4, 7
[5] Necm / 39

ve ağlatan O'dur. Şüphesiz, öldüren ve dirilten O'dur."[6]

"Allah, kötülüğe iltifat etmeyen genci emsallerine üstün tutar."[7]

Çaresiz misin? Üzerindeki bu yük seni çok mu sıkıyor? Nefesin göğüs kafesinde mi kalıyor? Artık ağlayamayacak kadar ağladın mı? Gözlerin, dertlerinin ağırlığından kirpiklerine yenik düşüp uyumak mı istiyor? Dünyayı görmüyor musun? Sana hiçbir şey huzur vermiyor mu? Ayaklarının altına saraylar, cennetler, huriler, makamlar ve şan şöhretler dökseler elinin tersi ile geri atacak kadar soğuk mu kaldın hayattan? Tutunamıyor musun dünya denilen koca çınarda küçük bir dala? Kendini çok mu yalnız hissediyorsun?

'Bir seccadeye kaç adım uzaktasın? Alıp önüne sevgiliden gelen mektubu, merhem sürsene yaralarına ayet ayet.' Ya da açıp avuçlarını, utanmadan, sıkılmadan, istesene istemeyi verenden. Bu böyledir; "Nefsini temizleyen kurtuldu."[8] Huzur istiyorsan, huzuru bileceksin önce. Sonra huzura varmak için sıkıntı çekeceksin sabır ve metanet ile. "Size ancak yapmakta olduğunuzun karşılığı verilir."[9]

"Allah, herkesin kalbinde olanı en iyi bilen değil midir?"[10] Öyleyse la tahzen! Hakikaten inanıyorsan üstün olan sensin. Ve hakikaten direniyorsan imtihanlara, müjdelenen sensin.

"Ahiret işi ile meşgul olup tohum ekene, biz fazlasını veririz"[11] diyen Rabbin var!

---

[6] Necm / 43, 44
[7] Ukbe İbn Âmir r.a / Müsned
[8] Şems / 9
[9] Tûr / 16
[10] Ankebût / 10
[11] Şura / 20

"Allah insana, kaldıramayacağı yük yüklemez."[12] Karıncanın sırtına, kendi ağırlığının üç mislini verip kuvvetlendiren değil midir?

'Bu da geçer' de, geç!

Yüzleş korkularınla, aç sesini yıllardır bir mahzende uyuttuğun vicdanının. Dinle bak ne diyor, anla kendini...

Hem nasıl bir dert ki? Geçecek gibi değil mi? Olsun. Varsın geçmesin, ne çıkar ki? Henüz can bedenden çıkmadı ki? Ne patikalar, ne dikenli yollar, ne hüzün ve acılar göreceğiz daha.

'Burası dünya ya hu! Burası imtihandan ibaret.' Öyleyse,

'Rabbin Hatırına Sabret'

Üzerindeki nimetlerini hatırla. Sadece inanç olsun, gerisi teferruat, ötesi mukadderat.

'İsyan etme sakın! Tevekkül et, teveccüh et, tefekkür et, teşekkür et.'

Elbet geçer. Ayrımlar, ayrımları doğurur. Çaresizsen, 'Çare bizden' diyor Rabbin. Sahip çık, sen hüzün varisisin Efendiler Efendisi (s.a.v.)'den... Bir sabah, bir güneş doğar zulmet gecelerden. Adı 'umut'. O umudu sıkıca tut! Tut ki kaymasın ellerin, gökyüzünden boşluğa düşen yıldızlar gibi. Tut ki, umudun adı 'Allah' olsun. Tut ki, sonu 'Aşkullah' olsun.

'Bu da geçer Ya Hu!' de, geçmiş olsun...

---

[12] Bakara / 286

Geç Olursa, Güç Olur

Bütün ilaçlar tedavülden kaldırılsın!
Şifa için "Allah sabredenlerle beraberdir"
ayetini kullanalım.

Ne bu yüzündeki mahzunluk? Ne oldu sana böyle? Her geçen gün eriten, yemekten, içmekten alıkoyan ne seni? Sararan benzin neyin habercisi? Ya saçların? Sonbahar gibi tel tel dökülüyor topraklara, dalından kopmuş yaprak misali. Seni böyle çökerten ne? Sen ki, kahkahaların şahikalarına varmış, mutluluk ummanına dalmış biriydin. Ne oldu da bu hale geldin? Nasıl bir felaket ya da imtihanın içine düştün ki, seni böyle fanilikten fena etti.

Demiştim ben sana değil mi? 'Gittiğin yol, yol değil. Sonu Allah'a varmayan her şey hüsrandır' diye. Ya çokluktu, ya çocukluktu seni böyle vurdumduymaz eden. Ama uyandın sonunda, ağır uykuya daldığın bu dünya denilen rüyadan. 'Kırıldın, incindin, çöktün' belki ama daha iyi oldun geçmişe nazaran.

Derler ya, 'İnsan, düşmeden kalkamaz. Ve bir musibet, bin nasihatten daha yeğdir'. Seninki de o hesap işte. Mevladan dileğimdir, az verip kudurtma, çok verip azdırtma. Sen de düştün ki, kalkasın. Kötülüğü gördün ki, iyiliğin tadına varasın.

Unut!

Geçmişinde ne varsa bırak orada kalsın. Sakın dönüp bakma ardına. 'Estağfurullah' çek can evinden. Bir tövbe al dost elinden, tut, bırakma eteğinden. Emin ol, elinden, dilinden, belinden.

Bir çizgi çek kederine, kaderinden. Başla tövbe ile dirildiğin hayata yeniden... Bırak saçların ağarsın, göz kapakların çöksün, kolların yanlarına düşsün. Çınar gibi dik belin bükülsün. Ama her zaman söyle ki,

'Rabbim sen, derdimden de büyüksün!'

İlerlemekten Korkma!

Gittiğin yol sağlam değilse,
Hem yolunu kaybedersin, hem aradığını.

Bak dostum. Söylediklerimi iyi belle.
Bunlar 'Nûn ve Sâd' hakkı için yazıldı elle.
Kaleme ve tutana yeminle,
Korkmayacaksın ölümden.
Ölümün seni emaneti teslim edeceğinin daveti bileceksin.
Vuslatın sonu, refah bir hayatın günü diyeceksin.
Züleyha olamayacaksan, talip olmayacaksın Yusuf'a,
Yusuf olmak istiyorsan, bırakacaksın kendini kuyuya.
Şüphen rızkın mıdır?
Bak, yerdeki toz parçası kadar karıncaya!
Bak, ibret al doyasıya.
Burası yokluk yurdudur. Varlık aramak ne diye?
Yol olacak varlıkken, var olma çabasının hırsı niye?
Yaşamayı bileceksin.
Öyle iki adımda bir geçmişine dönüp bakarak,
Gelecek kaygısı yaşayarak gelemezsin yarınlara.
Üç şey al yanına,
'Umut... Umut... İnanç...'
Toprağın gübresi sevgidir.
Çiftçinin ekmeği inancı.
Gülde beliren dikenler hayat gibidir.
Zamanla büyür, zamanla güllük gülistanlık hayattan
Dikenli, patika yolları görmeye başlarsın.
Korkma! Mevlana'nın dediği gibi,
'Ayağına batan dikenler, aradığın gülün habercisidir.'

Kime, Kimiz Biz?

İnsan her şeyden kaçar ama kendinden kaçamaz,
Çünkü her şey, insanın kendindedir...

Neyi kaybettiğini bilmeyen biri için, her kazandığı güzel görünür. O yüzdendir ki, her kaybedilen, yeni bir kazanç ve direnişe perde açar. Kimse bakmaz elden gidene, elde ettikleri için. "Gerçekten insan pek nankördür."[13] "Kulluk edin"[14] diyor, nankörlük değil!

Bir baksana kimleri gömdük kara topraklar altına. Kimler için dualar ettik. 'O olmazsa yaşayamam' dediğimiz kaç kişi kaldı yanımızda. Hepsini birer birer uğurlamadık mı? Bir otobüs durağında, terminallerde, havaalanlarında, halka kapalı, Hakk'a açık kabirlerde. Sadece 'güle güle, Allah'a ısmarladık' demedik mi? Kendimizi avutup...

Kim güldü? Kimse. Kötüleri de vardı aralarında ama iyi insanlardılar. En önemlisi 'insandılar'. Ama hepsini uğurladık, dünya kirlendi, insanlar değişti, âlem noksan...

Bu hengâme, bu kargaşa, bu hacamatlık neden? Neden bu benlik duygusu?

Kime! Kine! Kimiz biz?

O (s.a.v.) değil mi, 'Mümin, müminin kardeşidir. Onu asla terk ve ihmal etmez diyen!'

Değişmedik mi? Tabii değiştik. Utanmasak ve Allah'tan korkmasak, dünya hırsı ile birbirimizi parçalarız.

---

[13] Âdiyat / 6
[14] Bakara / 21

'Dünyalar senin olsun' dediğimiz insanları, dünyamızdan uzaklaştırırız. Benlik duygusundan, egomuzu tatmin edebilmek açısından, garibanın, mazlumun sırtına basa basa en zirvede olmak isteriz. Hadi inkâr edin! Değişmedik mi? Eskidendi... Çok eskiden. Abdest alan hanımların yüzünden nur damlardı, şimdi fondöten.

Değiştik... Evet, çok değiştik hem de...

Sofradan tok kalkmayan peygamberin, aç oturmayan,

Miraca çıkan peygamberin üst komşusuna çıkmayan,

Ağlamaktan gözleri şişen peygamberin, gülmekten ağlayan,

'Şaka da olsa yalan söylemeyin' diyen peygamberin,

'Gerçeği söylemek gerekirse' diye söze başlayan,

'Gözümün Nuru namazdır' diyen peygamberin, 'yüzümün nuru fondöten' diyen ümmeti olduk.

Yazık! Yazık bize ki, biz kimden olduğumuzu unuttuk!

Biri gelmeli, bizi uyandırmalı. Ağır bir uyku ama tatlı bir rüya içerisindeyiz. Ağır basıyor uykumuz, uyanmak istemiyoruz. Zira biliyoruz ki, uyanırsak tüm napak'larımız zuhur edecek ve kızaracağız. Ama uyan diyor bilge 'Uyan! Uyumak için önünde sonsuzluk var!'

Bir ömür karşılığında bir ömür veriyoruz. Bir şeyler kazanmak için, birçok şeyi feda ediyoruz ardına bakmaksızın.

Hayat neden ibaret ki? Kazanmak mı? Yoksa kaybetmek mi?

'Hayat sadece kocaman bir imtihandan ibaret.' Sonu olmayan, zor olan ve mükâfatı olan imtihandan. Hayat insandan ibaret. Unutma ki, 'Dünya gözünün gördüğü kadardır'. Hayat diyorum hayat, biraz da hafızın dediği gibi,

'Alnımıza yazılan kaderdir.'

Sefa, Cefa'nın Yolundandır

Davası olmayanın, devası olmaz.

Ey kilimi döven kilimci! Maksadın kilimin tozunu almak mı? Yoksa, ceza vermek mi? Ey antibiyotiği zerk ile verip, hastanın canını acıtan tabip! Maksadın canı yakmak mı? Yoksa yanan narı dindirmek mi? Ey tükenmez olduğu iddia edilen kaleme 'hoh'layıp yazmasını bekleyen kalem ehli! Maksadın son zerresine kadar kalemi tüketmek mi? Yoksa umudunu hep diri tutmak mı? Ey aynı kapıya onlarca kez vurup açılmasını bekleyen dilenci! Maksadın ev sahibini görmek mi? Yoksa istediğini alıp çekip gitmek mi?

Ey bize eziyet veren! Ey bizi dara düşüren! Ey bizi yoktan var eden! Ey bizi her an takip eden!

Maksadın bizim gönlümüzü genişletmek mi? Yoksa genişleyen çevremizi düzenlemek mi?

Arkadaş! Sıkıntı da, acı da böyledir işte... Allah sana sıkıntı veriyorsa, senin rahatlığın içindir. Ne garip değil mi? İnsan sıkıntı çekerek rahatlar mı? Evet, eğer o Allah'ın çok kıymet verdiği bir kul ise rahatlar. Allah sevdiği kullarını sıkıntıya koyar. Erdemlik, kapıyı bir kez çalıp beklemek değil! Asıl erdem, o kapının önüne gitmek, bağdaş kurup hiç kapıyı çalmadan oturmak, umut beslemek ve açılacağını bilmektir. Canın yanıyorsa, kül ol diye değil, kul ol diye yanar. Zira yanan odundur. Mesele ev sahibinden bir şeyler istemek ya da istememekte değil. Verdiğine boyun eğmektir. Vav olmaktır. Sabretmektir o kapının eşiğinde.

Kim usanır ki sevdiğini beklemekten? Kim vazgeçer ki sevmekten? Acı, yemeğe olduğu kadar, hayata da lezzet katar. Dozunu tutturup tadını çıkarmak gerek. Belki garip gelebilir, aslında garip gelmesi de normal bir şey. Sonuçta kimse istemez acı çekmeyi, dara düşmeyi. Ama dünyadasın! Bunun telafisi yok... İnsan her gün aynı yemeği yemekten, her gün aynı müziği dinlemekten ve her gün aynı konuları konuşmaktan sıkılır değil mi? İşte hüzün de aynıdır... Her gün aynı dert yakmaz insanın içini. Jurnal acılar vardır.

Düşünürsün, ya 'of' çekersin, ya 'af'. Yeni şeyler bulup kederlenmek, hüzünlenmek gerek...

Aşkullah'a varan yol çileden geçiyorsa şayet, o çileyi çekmek gerek...

'EyvaAllah' deyip, sevgiliden geldiğini bilip, bağrına basmak gerek...

Eğer istediğin 'aşk' ise, kanatlanman gerek! Uçmak için kanat değil, kanaat gerek...

Çaresizlik, Allah'a davettir.

Sevgiliden gelen her şey sevgidendir.

'Kişinin değeri, aradığı şeyin değerindedir.'

Rabbin Hatırına Sabret

Toprağına bakıp, dalına rengini veren Allah,
Yüreğine bakıp dengini de verir.
Sabret! Tasalanma!

Sen 'geçsin artık' dersin, derdin 'yetmez' der. Sen 'yeter' deyip isyana kalkışırsın, derdin 'kader' deyip teskine kalkar. Sen düşünemezsin, O (c.c.) düşünmen için ısrar eder. Sen asi olursun O (c.c.) vasi rahmeti ile merhamet eder sana. 'Rabbin hatırına sabret' diye bir ses gelir yükseklerden. O nasıl bir istektir? Nasıl bir ricadır? Nasıl bir emirdir?

'Rabbin hatırına sabret'

Ve Rabbinin sen de hatırını düşünürsün? Ne kadar kıymetli senin için? Hayatında ne kadar yer ayırdın seni hayatta tutana? Kaç defa andın adını, selim ve esenlik içinde? Ne zaman teşekkür ettin en son verdiklerinde, vermediklerinde? Bak, o sana kıymet verdi, seni yarattı. Sen bir damla değilken, tuttu seni okyanus yaptı. Yeşertti. İsyan ettin, verdi. Şükrettin, verdi. İstemedin verdi. İstedin, istediğini verdi. Gelmedin bekledi. Bekledin, murad ettiğini verdi. Gittin verdi, anmadın verdi, ağladın verdi, güldün verdi. Çünkü O (c.c.)'nun yanında kıymetsizdir senden ötesi. Çünkü O, cömert olandır.

Ya da

Sana sıkıntı mı veriyor? Seni bir imtihandan alıp ötekine mi salıyor? Seni her dem hüzünle mi taze tutuyor? Seni hüzünden alıkoyacak her şeyi hayatından def mi ediyor? Allah'ın sana azap etmesinden değil bu! Kıymet vermesindendir. Herkes sevdiğine 'huzur' verirken, Allah, sevdiğine sıkıntı veriyor. Ne diyelim, bu da Allah'ın ayrı bir lütfu. Çünkü bir tek 'KAHHAR' ismi kahreder insanı. 'Rahman, Vedud, Rahim, Hakk'... diye nice zat-ı sıfatları var takdire şayan...

Arkadaş! Ne olursan ol, nasıl olursan ol, nerede ve ne zorlukta olursan ol,

Hayata neresinden başlarsan başla,
'Rabbin hatırına niyet et'
'Rabbin hatırına sabret'
'Rabbin hatırına sebat et'
'Rabbin hatırına gayret et'
'Rabbin hatırına şükret'
Tasalanma ki,
Her zorlukla beraber bir kolaylık vardır elbet...

Kutlu Muştu

Ey insanlar!
Kimilerinin 'inandık',
kimilerinin 'aldandık' dediği
günden kaçının!
Hevalarınız uğruna
ebed-i daimi hayatınızı yakmayın...

"İnsanlar inandık demekle, imtihan edilmeden bırakılacaklarını mı zannederler?"[15] diye bir ses işitti kâinat... Su dondu, kül yandı, insan nefsini andı. Bulutlar gürledi, dağlar o çetin sesin haberinden inledi. Savruldu yaprak, kırıldı dal ve başladı sual. Herkes bel kemiğinin kırılacağı zamanı düşündü. Herkes ameli ile mizana oturdu. Kimisi günahının çokluğundan ölmek istedi. "Keşke ölüm her şeyi bitirseydi."[16] Kimisi biraz daha yaşamak istedi. Daha fazla iyi ve hayırlı amel bırakmak için. Heyhat!

Bir ses daha işitti kâinat...

"Sizin kendisinden kaçıp durduğunuz ölüm var ya, o mutlaka size ulaşacaktır. Sonra gaybı da, görünen âlemi de bilen Allah'a döndürüleceksiniz de, O size yapmakta olduklarınızı haber verecektir."[17]

Büyük bir inilti başladı yeryüzünde. Yüzlerde ekşime, sonra evhamlar, kaygılar, kayıplar...

---

[15] Ankebut / 2
[16] Hakka / 27
[17] Cum'a / 8

İnsanlar elde ettikleri ile kaybettikleri arasında kesif bir sorguya çekti kendini. Dönüp ardına baktı herkes. Kimi ağlayarak döndü, kimi tebessüm ederek. Ve bir kaçış başladı yeryüzünde. Arş, kalbini ilk defa bu kadar çok açmıştı. Genişledi... Genişledi... Genişledi...

Derken bir ses daha,

"O günün azabı çok çetin olacaktır. Yüzler vardır ki o gün buruşacak, yüzler vardır ki o gün Rablerine bakacaklardır."[18]

Herkes birbirine baktı. Kimse o günün ne olduğunu anlayamadı... Herkes ar perdesi yırtılmış bir şekilde bütün günahlarını ifşa etti âleme. Sonra biri geldi serazat tavrıyla. Maveraya müntesip olduğu belliydi. Heybetli, esrarengiz, gizemli yapısı ve vakur adımlarıyla durdu âlemin şerh olduğu noktada... Sordular,

'O gün ne demek?'

Çevirdi gözlerini, soruyu soranların gözlerine baktı. Gözlerinden yakut gibi düşen, bir damla yaştı. Celallendi,

"O gün insana yapıp önden gönderdiği ve yapmayıp geri bıraktığı şeyler haber verilir."[19]

'Kaçış yok mu?' dediler.

Heyhat! "O gün varıp durulacak tek yer sadece, Rabbinin Huzuru'dur."[20]

Herkes suspus oldu, gözlerdeki kayıplar, kalplerdeki kanser gibi bütün hücrelerinde dolaşan günahları bir bir şerh ediyordu meydana. Herkes o hırsın ıstırabındayken, bir gürleme sesi geldi arşın yedi kat üstünden. Nurlu bir cisim peyda oldu.

İnsanlar istemsiz bir şekilde tebessüm etmeye baş-

[18] Kıyame / 22, 23, 24
[19] Kıyame / 13
[20] Kıyame / 12

ladılar. Durdu cisim, topladı nefesini. İnsanlar zincire vurdu nefsini... Bütün kâinat, çıkacak bir müjdeli haber için susmuştu. Ritimsiz ve hızlı çarpan kalp atışlarından başka yeryüzünde nefes dahi alınmıyordu. Hafazalar yeryüzüne akıyordu. 'Bismillahirrahmanirrahim' dedi ve söylendi o kutlu muştular.

"Görmedikleri halde Rablerinden korkanlar için bir bağışlanma ve büyük bir mükâfat vardır. O Halim'dir / hemen cezalandırmaz, mühlet verir."[21]

"Allah'a içtenlikle tövbe edin. Umulur ki, Rabbiniz sizin kötülüklerinizi örter. Ey İnsan! Şüphesiz sen Rabbine kavuşuncaya kadar didinip duracak ve sonunda didindiğinin karşılığına kavuşacaksın."[22]

---

[21] Mülk / 12, Teğabun / 17

[22] Tahrim / 8, İnşikak / 6

Oku

Okuyun gençler okuyun! Tahsilli olmak için değil, cehaleti kaldırmak için okuyun! Bu kanı, bu gözyaşlarını, arşı inleten anne feryatları, kundaktaki güneş yüzü görmeden göçen çocukları, silah sesleri ve huzursuz düzeni 'cehalet'ten başka bir şey özetleyemez. Oku! Oku ki, aydınlansın karanlıklar, ifşa olsun düzenbazlıklar. Oku ki, rahmet sarsın merhametsiz yanlarını. Oku ki, insan olduğunu hatırlayasın. Utanasın. Uyanasın. Oku! Okumazsan anlayamazsın kendini...

Kaybettik Sevgiyi

Biz huzuru içimizde kaybettik,
Bu yüzdendir başkalarında arayışımız.

Kimsenin kimseye tahammülü kalmadı artık. Artık zaman eskisi gibi 'huzur' solumuyor. Artık insanlar birbirlerini sevmiyor. Birbirleriyle değil, yalnız başına huzurlu olmak istiyorlar. Çekemiyor kimse kimseyi. 'Sensiz yaşayamam' dediklerinden uzakta yaşamak istiyorlar artık. Sevgi bitti, sözler tükendi. Gözler yalan bakmaya, diller zehir solumaya başladı. Kime inanılacak, kime güvenilecek kimse bilmiyor. Herkes suçu bir başkasına atıyor. Ne ölüm bizi kurtarıyor, ne yaşamak bizi mutlandırıyor cehenneme çevirdiğimiz bu dünyada. Konuşmaktan çok, 'susmak' ifade ediyor her şeyi. Sevmek, artık herkese değil, daha çok hak edene yakıştırılıyor. 'Yaradan'dan ötürü, yaradılanı sevmek' düsturu kalplerde kararıyor. Bitti... Gitti insanlık... Kılınmadı bir cenaze namazı, okunmadı sela. Ölmedi ama kayboldu insanlık 'eşref' denilen mahlukatın avuçlarında. Merhametin yerini musibet kapladı. Zulmette kaldı şefkat. Doğmadı güneş, doğmadı umutlar... İnsan kaybetti. Hırs çoğaldı... Gündüzler günaha gebe, geceler uzadı. Sabah evden imanla çıkan, gece imandan mahrum kaldı...

Hiçbir şeyin, hiçbir şeye tahammülü kalmadı...

Biz Kaybettik

Gönlünüzün istediklerini vermiyor diye
nankörlük edeceğinize,
Gönlünüzün istemediklerini vermiyor diye
kulluk edin.

'İnsan, insanlığını kaybedince, kayda değer bir şeyi kalmıyor'... Gece, vicdanının sesini dinlemek için yeterince sessiz. Ve insanlar gündüz taktığı maskeleri çıkarmak için yeterince yalnız. İtiraf edin, 'Kendinizden kaçıp sığındığınız tek liman, yine kendiniz'. Hep yeniden yinelenen bu hayat çarmığında kaç kez astınız hayallerinizi?

Kaç kez unuttunuz aslınızı? Ne kaldı akıp giden zamanlardan geriye? Kim kaldı? Kimin yanına ne kâr kaldı?

'Herkes gitti, her şey bitti. Giden geleni, gelen gideni, hiç gelmeyen, hep bekleneni arattı.' Artık dünya son nefesini soluyor. Resimlerde gülen yüzler, yüreklerde manasız sözler kaldı. Birikti içimizdeki aslolan insanlığın nisyanı. Sus pus olmuş gecenin sessizliğine, çaresizlerin zebun halleri zuhur etti. Dünyamızı çevreleyen insanlar iziyle değil, sızıyla anıldı. Sormadı kimse, kimsenin kimsesizliğini. Herkes serazat hallerini özlüyor artık. Marifet değildi, kuş gibi uçmak ya da balık gibi yüzmek.

En komik olanı da buydu ya, 'Olduğumuzdan farklı bir kimliğe bürünme merakı vardı'. Meraklıydık, yaptık. Şimdi ne sefih halimiz kaldı, ne de takatimiz. Biz kaybettik...

İnsan Neden Yorulur?

Biz yarınları düşünerek geldik hep bugüne,
Boşuna değildi büyük alıp, seneye de giydiklerimiz.

İnsan neden yorulur?
Mesela, beklemekten yorulur mu? Ya da sabretmekten? Ya da sevmekten? Oysa ki, hiçbirinde beden müdahil olmaz. Oysa ki, hiçbirine insan teni katkı sağlamaz. Yorulan beden değilmiş oysa. Hiçbir şey yapmadan da yorulabiliyormuş insan değil mi? Mesela, akıl ile kalbin birbirinden müfrezliği gibi, ya da dimağında mukassi tahayyütlerini muhteri eder gibi.

İnsan neden üzülür?
Nedir insanı üzen? Yorulmaktan üzülür mü insan?
'İnsan, çok kıymet verdiği şeylerin kıymetsizleştiğini görmekten, değer verdikçe değersiz hale gelmekten, değeri bilinmediğinden üzülür.'

İnsan neden ağlar?
Neden gözyaşı döker bilir misin?
Gözyaşı, gözden düşen bir katre değil, mübrem bir muindir. Mutlulukların sadakasıdır bazen. Bazen de mutluluğa kefaret. Durduk yere değil, dolduk yere ağlar insan...

A benim canım, üzülme. Müebbeden kalıcı değil hiçbir tasa. Zecren dünyanı karalamaya çalışan hiçbir keder kalıcı değil. Fanidir. Mukadderata teslim ol yeter.

Elbet üzülecek, elbet yorulacak, elbet ağlayacaksın. Ama müsterih ol! Bunlar asırlardan mutat olmuştur. Gün doğacak, çok sevdiğin de gidecek, beklediğin de gelecek. Sen gönlünü ferah tut, çayını sıcak. Murad ettiklerin bugün olmasa, elbet bir gün olacak. Gözyaşların dinecek, çektiklerin bitecek...

Yalnız(a), Allah Var

Allah varken, yokluk yoktur...

"Allah, üç kişinin dördüncüsü, beş kişinin altıncısıdır."[23] Hasılı, insan yalnız değildir. "Nerede olsanız, O (c.c.) sizinle beraberdir."[24] İnsan hiç yalnız kalmadı, insan hiç yalnız kalmayacak. Kal-u beladan yevmûlkıyamete, beşikten kabre, kabirden haşre kadar hep kalabalık gidecek...

Kal-u beladan şehadetiyle, yevmûlkıyamete ameliyle, beşikten kabre nefsiyle, iki ezan arasında kiramen kâtibiyle, kabirden haşr meydanına defteriyle gider. Yalnız değilsin. Allah sana şah damarından daha yakın değil mi? Niçin kederlenip durur, yalnızlık çektiğini iddia edersin?

Ben hiç görmedim, omuzlarında iki melek taşıyıp da yalnızlıktan söz edeni.

Hem varsayalım ki yalnızsın. Ahbabın, dostun çok. Çevren geniş ama hepsini toplasan zerre 'kalabalık' olmuyor. Varsayalım ki kendi kendinle konuşacak kadar, kendi kendine sır verecek kadar kimsesizsin. Uzattığın bütün dost elleri geri çevriliyor. Kimse yarana denk olamıyor.

Üzülme! Belki Allah seni onlardan koruyor? Belki seninle sadece Allah ilgilenmek istiyor? Belki seni çok seviyor, çok kıymet veriyor? Belki sadece O (c.c.)'nunla ilgilenmeni istiyor? Günah eline bulaşmaman için seni

---

[23] Mucadele / 7

[24] Hadid / 4

kendi himâyesine alıyor...

Yalnız bir insana Allah'ın en çok dostluk edeceğinin kanıtı, Hz. Muhammed (s.a.v.) değil miydi?

Ne diye ümitsizliğe düşersin?

Bu böyle değil mi?

Seven, hep sevdiğini koruyup başkalarından sakınmaz mı? Başına bir şeyler gelmesin diye yanında bulunmaz mı? Sürekli tembihleyip, kötülüklerden uzak dursun diye ikaz etmez mi?

İşte Allah (c.c.) da böyledir.

İster ki, kulu, beşer ile şaşar olmasın. İster ki, istediği olsun.

Misal derviş,

Ne zaman canı sıkılsa kendini bir mescidin baş köşesine atar. 'Neden sürekli buradasın?' diye soranlara ise, 'Herkes sevdiğinin yanında huzur bulur azizim' der.

Mevzu çok mu derin? Rabbinle bir konuş istersen?

İnsan yalnız değildir, Allah'tır yalnız olan ve en çok yalnızlık yakışan.

Allah'tan başka kimsem yok. Çünkü Allah'tan başkasına ihtiyacım yok!

Yalnızlık, Allah'ı bilmeyen,

Allah'a sığınmayan insanların çıkardığı bir kurgu'dur...

Sabret

Sadece bekle!
Beklemek sabırdır.
Sabır, ibadetin âlâsıdır...

"Sabret!"[25] Çünkü her şey sabırdan sonra doğar. İnsan bile! Hiç gördün mü havasını, güneşini almadan yeşeren, büyüyen bir fidanı? İnsanı olgunlaştıran sabırdır. İnsan en çok namazda ve sabır halinde Allah'a yakın olur. Nitekim öyle buyuruyor âlemlerin Rabbi,

"Sabırlı olun! Çünkü Allah, sabredenlerle beraberdir."[26] Bu ne demektir biliyor musun?

Allah benimle beraber ise, dünya karşımda dursa ne olur? Allah beni koruduktan sonra, insanlar incitse, kırsa ne olur? Allah benimle birlikteyse, yalnızlığın lafı mı olur? Bu teslimiyettir. Bu tevekküldür. Bu, kul ile yaratan arasında 'hayati bir sır'dır. O sırra herkes mazhar olamaz. İnananlar hariç. Kimdir onlar bilir misin? "Onlar, sabreden ve yalnız Rablerine tevekkül eden kimselerdir."[27]

Sabret! Zorluğun arkası kolaylıktır. Karanlığın ardı aydınlık.

Düşünün, Allah'ın zaman içerisinde helak ettiği onlarca kavim şu an aynı coğrafyada, aynı havayı teneffüs ediyor bizimle. Ne Lut gitti, ne Eb-u Cehil öldü ne de çocuklar diri diri gömülmekten kurtuldu. Düşünün ve deyin

[25] Rum / 60
[26] Enfal / 46
[27] Ankebüt / 59

ki, Allah sabredenlerin de en sabırlısıdır. Kâinatın yüce sanatkârı, "Allah, kullarına kaldıramayacağı yükü yüklemez."[28] Doğum anında bir annenin çektiği sancı, sağlıklı bir insanın acıya direnebildiği noktadan kıyasla daha fazladır. Bu öyleyse ve karınca kendi ağırlığının üç mislini kaldırabiliyorsa, insan da Rabbinin verdiği imtihan yükünü kaldırabilmeli. Yılmamalı ve sabretmeli! Ve sabret!

Kuru topraklardan su fışkırtan ve suya yön veren Allah, yüreğine de hayırlı bir yön verir. Sana ağır gelen bu imtihanı veren Allah, inşirah da verir... Yeter ki sabret... Ne kadar zor olsa da, belini büküp dünyadan soğutsa da, çaresizliğin zirvesinde olsan da, Hz. Yusuf'un iffetini koruduğu gibi, sen de yüreğini koru ve Yakup (a.s.) gibi de ki,

"Artık bana düşen, güzel bir sabır'dır."[29]

---

[28] Bakara / 286

[29] Yusuf /18

O (c.c.) Her Şeye Kâfidir! Vekildir!

İnsan ister, insan hesap yapar, insan planlar. İnsan bunları yaparken yorulur. Ama son noktayı her zaman 'Allah' koyar. Daldığımız her hülyaya kavuşmak için gelmedik bu dünyaya. Kurduğumuz her düş, her hayal gerçekleşmez. Çünkü kul için en büyük ve en muazzam hesabı 'Allah' yapar. Hiçbir açık çıkmaz onun muhasebesinde. Alacaklı alacağını alır, borçlu borcunu verir. En zor olanı 'hak' borcudur. Adalet yerini bulur. Gerçekten bulur. Bu dünyada olmazsa bile, haşr olur, mizan kurulur, mahkeme-i kübrada hesap sorulur. An gelir, öyle bir derde duçar kalır ki insan, 'Geçmesin ya hu, yalvarırım geçmesin' der. Çünkü insanı derviş eden de, deli eden de, veli eden de derttir.

Vay haline dertsiz olanın...

İstersin verir, kırmaz. Ya şükür edersin ya da teşekkür. O verdikçe sen daha fazla istersin ve sen istedikçe O daha fazla verir. Çünkü O'nun yanında senin isteklerinin zerre kıymeti yoktur. Çünkü O'nun makamında en kıymetli, aziz ve şerefli olan sensin. Sen istersin, ben isterim ama Allah karar verir. Bazen de insan ister, Allah tamamlar.

Dağları, yüksek binaları, inci ve mercanları, içilen, yutulan, doyuran yeryüzündeki bütün nimetleri hizmetine sundu. Ve senden sadece kendisine hizmet istedi. O istedikçe vermedin, kırdın. O istedikçe O'ndan uzaklaştın, yıkıldın.

Vay haline Onun istediğini vermeyip yıkılanın!

Ve istersin vermez. Lakin, 'Ne güzel vermedin ya hu!' dersin. Çünkü vermediği zaman bile 'kırmadan' vermez. Çünkü anlarsın sonradan. Çok sonradan.

'O'nun verdikleri nimet ise, vermedikleri ganimettir.' Çünkü kalplerde olanı en iyi o bilir. Uzakları yakın kılıp Yemen'dekini yanında, yakınları uzak kılıp yanındakini Yemen'de eden O değil mi?

Yorulursun... Kurcalamaktan ve çabalamaktan bitap düşersin. Umudun biter. Tam o umudun bittiği yerde 'kadere iman' başlar. Kar tanelerini teker teker arştan birbirine değdirmeden indirten ve yön veren Allah, kalbine de hayırlı bir yön verir. Her bir salkımı, her üzüm tanesini dizayn eden Allah, her yaprağa kaldıracağı kadar yağmur tanesini damlatan sanatkâr, senin de yüreğine kaldırabileceğin yükü verir.

'Baktım, olmuyor' deme! Bakarsan olmaz zaten.

'Bıraktım oluyor' de! 'Kün' emri ile olur o zaten...

Zaten olacağı varsa şayet, sen oluruna bıraksan da, bırakmasan da, olacak olan olur.

O yüzden de ki, RABBİME BIRAKTIM... Çünkü O, neyi, nereye bırakacağını çok iyi bilir!

Hani dünya hüzün yeri ya,
Hani karışık bir hal almış ya,
Hani her gelen gidip, her sevilen terk ediyor ya,
Olsun! Bırak istediklerimiz olmasın.
Allah var ya...
Allah yar ya...

***

Allah'a emanet ettiklerin kadar,
Allah'a şikâyet ettiklerin de vardır.
Burası dünyadır. İmtihan dolu bir handır.
Her hakkın bir hesabı, her hesabın bir meblağı vardır.
Madem ki Allah vardır ve hesap sorandır,
Öyleyse sabredin!
Herkes için mahkeme-i kübra yakındır!

İnsan, En Çok Kendine Cahildir

Dili olan konuşur, derdi olan susar.
Çünkü dert insanı dile getirmez.

Kendimi bildim bileli sustum ve hâlâ susuyorum. Ne zaman yüreğimden biriktirip dilimin ucuna getirsem kelimeleri ve ne zaman haklı olduğumu bilip konuşmaya ve karşımdakini kırmaya kalkışsam, aklımın en terk edilmiş ücra köşesinden gelir ve oturur dilimin ucuna, Peygamberin,

'Susmak huyların efendisidir' cümlesi. O aklıma geldikçe susarım, konuşmam. Çünkü söz gümüş ise, sükût altındır. Çok şey biriktiririm küçücük dünyamda. Gördüklerim, bu âleme sığmaz. Kâinat bana dar gelir, ben kâinata fazla.

Kendimi bildim bileli bir başımayım Rabbimle. Uğradığım bütün haksızlıkları, bir avuç kalbimi paramparça edip inciten insanları, önüme çıkan engelleri, arkamda bıraktığım ama peşimi bırakmayan günahkâr günleri Allah'a arz ederim.

Ne zaman boğazıma kadar sıkıp nefesimi engelleyen, göğsüme çöreklenen acılara yenik düşme safhasına gelsem, göklerden tekbir sesleri teselli olur yüreğime ve işte derim ki o zaman,

'Evet, Evet! Ekber'dir Allah!'

Kendimi bildim bileli içimde bir çocuğun yaşa(n)mamışlık öfkesi ve mahzunluğu durur. Buna karşılık ben de, kendimi hayatın kollarına bırakmak isterim. Ve göklerden bir hicaz duyulur. Efendim (s.a.v.)'i hatırlarım. 'La rahate fid dünya' der. Titrek nefesime üç talak ekler, dünyayı benden boş ederim...

Kendimi bildim bileli, bilirim kendimi. Zira kendini bilmeyen bilmez haddini. Haddini bilmeyen bilmez Rabbini. Kendini bilmeyen onlarca insana şahit oluyorum. Onlarca kelime kalabalığı, enaniyet, kibir, riya... Hepsine şaşırıp kalıyorum. Ve aklıma geliyor Resul-i Kibriya! Sayıklıyorum kendi kendime,

'Vallahi cahillik başa bela... bela... bela...'

Çünkü insanın kendisine cahil kalmaktan daha vahim bir durum olamaz fahr-ı kâinatta...

Elmas, Çamurda da Elmastır

Ömür boyu yürüyebileceğin bir hayat var önünde. Bu yolu ya şükrederek, ya nankörlük ederek kat edersin. Unutma! Bu yolun sonu 'Hakka' varır. 'Hayy ile geldik, Hu ile gideceğiz'. "Biz şüphesiz, (her şeyimiz ile) Allah'a aidiz ve şüphesiz O'na döneceğiz."[30]

Yolun sonunda küçük bir soru sorulacak sana:

"Ey insan! Seni yaratan, şekillendirip ölçülü yapan, dilediği bir biçimde seni olgunlaştıran cömert Rabbine karşı seni ne aldattı?"[31]

Bana sorulmaz deme. "Çünkü insan, zayıf yaratılmıştır."[32] Çünkü insanın nefsi, rahmetten ziyade gaflete meyillidir. Çünkü insan, nefsine de yenik düşecek kadar zayıf yaratılmıştır. Teni bırak, ruhla gel. İki tercihin var, iki yol. Biri 'Aşkullah' diğeri 'Azab-ı Allah'. Tercih sana bırakıldı. Üzüldüysen, canın yandıysa merak etme. Etrafına hiçbir kolon, duvar ördürmeden, altını besleyip yıkılmasını engellemeden koca dünyayı ayakta tutan kudret eli, senin de ellerinden tutar. Çünkü, "Şüphesiz biz insanı yarattık ve onu imtihan edeceğiz"[33] diyor, ekliyor, "Allah'tan yardım isteyin ve sabredin."[34]

Nitekim vaat ediyor, "Biz insanı, bir sıkıntı ve zorluk içinde (olacak ve bunlara göğüs gerecek şekilde) yarat-

---

[30] Bakara / 156
[31] İnfitar / 6, 7, 8
[32] Nisa / 28
[33] İnsan / 2
[34] A'raf / 128

tık."[35] Sabırlı ol. Çünkü Allah'ın derecelendirdiği o kimseler, "Başlarına gelen musibetlere karşı, sabreden kimselerdir."[36] Ve sabredin! "Çünkü sabretmeniz, sizin için daha hayırlıdır."[37]

İnsan, bütün yaratılmışların içinde en değerli olanıdır. Değer verdiklerinden değer görmeyince, değeri azalmaz. Elbette düşecek, elbette canı yanacak ve elbette ki üzülecektir. Ama en nihayetinde,

'Elmas tozdayken, çamurdayken, yıkanmamış ve tezgâhlara bırakılmamışken de elmas değil miydi?'

---

[35] Beled / 1, 2, 3, 4

[36] Hac / 35

[37] Nisa / 25

İnsan Diyoruz

Nankörlük etmeyin, 'Sizi en güzel surette yaratan, şekillendiren ve yeryüzüne dağıtıp rızkınızı kesmeden veren, ve anne, babanızdan daha çok size düşkün olan Allah'a!' Allah bizden 'kusursuzluk' istemiyor -ki kusursuzluk bile bir 'kusurdur'. O (c.c.)'nun sürekli meşgul olduğu ve tamamladığı ve sürekli gözetlediği, musibetlerden, fitneden, günahtan, gıybetten, nefsin şerri, şeytanın elinden koruduğu bizleriz. Ve uyardığı, "Aklınızı kullanmayacak mısınız?"[38] dediği.

İnsan, neden böyledir? Neden iyiliği görmez? Neden hep maraz peşinde? Kalbi, neden aklına hükmedemiyor? Neden çaresiz anında hemen sırtını veriyor Allah'a? Neden Allah'ı varlıktayken değil de, darlıkta iken arıyor?

Allah'ı yanıltamayız. Nitekim buyurmuyor mu? "Zaten insan, çok nankördür"[39] diye. Bizi bildiği halde bizi bizden, bizi nefsimizden koruyor. Nerede kaldı ahde vefa? Nerede asr-ı saadet gençliği? Nerede sahabelerin nazar edip, yanlarında olmak istediği 'görmeden seven' Muhammed (s.a.v.) ümmeti? Yoksa gittiler mi? Yoksa toprak mı oldular? Nedir bu dünya telaşı? Nedir bizi O (c.c.)'ndan alıkoyacak daha mühim olan şey? Yapmayın! Ahdinizi hatırlayın ve gaib gözünü açın.

---

[38] Bakara / 44

[39] İsra / 67

Beklediğin Kapının Anahtarı Sensin

Neden dua ederken gözlerimizi kapatırız? Neden secdeye eğilirken başlar, kapanır gözler? Bir şeylerin merakıyla beklerken, 'acaba' diye düşünürken, neden bütün organlarımız susar, göz kapanıp vücutta kalp atışından başka bir şey olmaz?

Bilir misin? İnsan, gözlerini kapattığı zaman huzur bulur, huzurlu olur. Onca yük, onca hüzün ve onca kahrı kaldıramaz olduğu vakitlerde uyumak ister. İster ki uyuduğunda geçsin. Bir nebze de olsa avutabilsin kendini. Ama uyurken geçen tek şey zamandır. 'Ölüm' bu yüzden var zaten. Her şey bitsin, ruh, tenden çekilsin. İnsan bilmez, beden araz. Ruh Allah'a teslim iken aruz. Şimdi kapatın gözlerinizi en içten dilediğiniz şey için, açın ellerinizi. Her şeyden önce 'samimiyet' gerek. Her şeyden öte 'aşk'... Aşk ile isteyin. Teslimiyet gösterin. Bir daha açılamayacağını düşünün gözlerinizin. Bir daha isteyemeceğinizi düşünüp isteyin. Gözler, bakılacak güzel şeyler kalmadığı için kapanır. Gözler ki, ayna tutar kalbe. Arar insan. Aradığını ya bir ahu gözün sol yanına düşen göğüs kafesinde, ya bir kitabın altı çizili sözcüklerinde, ya bir avuç duanın içinde ya da büyük bir imtihanın zelzelesinde bulur. 'Bir insana dua etmek, O'nu Allah'a sıkça bahsetmek demektir'. O yüzden azizim, güzel yerdir dualar. Asla bir insanın duasından mahrum kalacak kadar soğutmayın kendinizden. Ümitler, dualardan doğar.

Ümitvar olun. Baktın olmuyor? Olana kadar iste. Duada ısrar iyidir. Göz gördüğünü istemez her zaman. O yüzden, bakmadan gördüğünü ister, yaşamadan hissettiğini, dokunmadan sevdiğini, konuşmadan muhabbetini.

'Dilini duasız, yüreğini sevdasız, ömrünü umutsuz bırakma!

Bir kapıyı kapatıyorsa Allah, yanındaki diğer kapıları gör diye kapatır!'

Çaresizlik, En Güzel Çaredir

Sen yeter ki uçmayı iste,
Rabbin kanat gerektirmez...

'Geçsin artık ya hu' deyip acıların son safhasına vardığında, 'Bu da geçer' diyerek umudunu diri tuttuğun ana, 'Şükür, geçti ya hu!' cümlesi ile bir nefes huzur soluyacaksın. Her secdede döktüğün gözyaşları, her huzura durduğunda titreyen bütün organların, Kuran-ı Kerim'e damlayan her gözyaşın ve sabrettiğin her imtihanın şahittir bunlara. 'Üzülme! Bizler, Yakup (a.s.)'ın, Derviş Yunus'un torunlarıyız. Zorluklarla, imtihanlarla büyümenin ne demek olduğunu en iyi biz biliriz. Kâinatta gördüğün her zerre zorluklarla büyümez mi? Bak da ibret al toprakta yeşeren fidanı. Rüzgâr ne kadar sert eserse essin, yağmur ne kadar süratle yüzüne çarparsa çarpsın su damlalarını ve güneş ne kadar kızgın bakarsa baksın büyümüyor mu inadına?

İnadına dik durmuyor mu? Bu bir direniştir ve aynı zamanda teşekkürdür fidandan, sanatkâra. İnsan için de böyledir. İmtihan ne kadar zor olursa olsun, musibetler ne kadar sert gelirse gelsin, dik durabilmeli inadına.

Çünkü çaresizlik, 'Allah'a yakın olmak için en güzel çaredir'...

'Rıza ve imtihan yolunda ümitsizliğe düşme sakın!
Zira Rabbin, sana şah damarından daha da yakın.'

Yalnızca O (c.c.)

Her gece âlemden âleme akan bir gençlik bilirim ben.
Sokaklara değil, kalbine yolculuk eden...

Allah ile dertleşmek istiyorsan eğer, namaza dur. O duruş, yıkılmayan insan siluetidir. Tavsiye almak istiyorsan, Kuran-ı Kerim'e bak. O bakış, tahsile erdirmiş bütün mekteplerden ötedir. Dost arıyorsan, sana Allah'ı hatırlatacak ve duasını alacağın insanlar seç. O dost baki olana bağlı olduğundan, dostluğu bakidir. Muhafaza olmak istiyorsan, nefsini müdafaa et. Çünkü o nefis, en büyük cihattır.

Göğsünü kalkan yapıp silahını sabrın yaparsan eğer, o bel bükülmez. O gözler hep güzel şeyler görür ve o kalp hep 'Hu' ile atar. Ki, 'Hu ile atan her kalbin mihmanı Hayy'dır'. Ki, o kalpte hüzün vardır. Hüznün var olduğu kalbe 'Allah yar'dır...

'Eman' diyene Emin olan, 'ah' diyene 'Allah' dedirten ve 'Eyvah' diyene 'EyvaAllah' dedirten yürek değil mi?- Yürek ki, ateşi yanar, dumanı tütmez. Aşka düş olup, aşk ateşiyle piş olur. Önce pişim der, ham olur. Sonra hamım der, pişman olur...

Her şeyden önce kalbini koru, çünkü orada Allah var!

'Ben yere göğe sığmadım, mümin kulumun kalbine sığdım' buyurmuyor mu?

Umut

En büyük ibadet değil miydi umut? Nasıl olur da umutsuzluğa düşebilir ki insan?

'Yusuf'u kuyudan çıkaran, kuşları fillere galip eden, İbrahim'i ateşte serinleten, Züleyha'yı mutmain eden yüce yaratan varken. Ben umudumu 'Kün' emri ile büyüttüm. Sabretmek, umudu büyüttü. Umut, imkânsız görünenleri küçülttü. Umut aşıdır insanın. Ne demiş üstat, arının kuyruğundaki zehri, karnındaki balı birbirine karıştırmayan sanatkâr, kimsenin nasibini de kimseyle karıştırmaz. Biz umut ederiz, imkânsız olan ne varsa, kader varsa, nasip varsa imkânlara çevrilir.

Bir şey nasipte varsa eğer, sizin dışınızda kim ne yaparsa yapsın, ne kadar koştururrsa koştursun nafile. O (c.c) sana nasip etmiştir bir kere. Tasalanma!

Ne zaman ki rızkınızdan yana şüpheye düştünüz, kuşları hatırlayın. Onların bile rızkını gökten veren kudret eli varken, nasıl unutsun rızkınızı sizi en şerefli yaratmışken?

Umut, zamandan önce doğar. Zamanla olmaz, duayla olur her şey çünkü. Vaktinden önce olmaz hiçbir şey. Alnına yazılmış olan bir şey, sen ne kadar uzakta olursan ol, sen ne kadar farklı olursan ol, sen ne kadar kaçarsan kaç ya da ararsan ara, O gelir seni bulur. Yeter ki Allah istesin.

Dua, Rahman ile İletişim Aracıdır

Ellerin kanatları vardır,
Bütün kelimeleri Allah'a arz eden...

Ben bir avuç duanın, içime sığmayan binlerce şeyi içine sığdırdığına inanaraktan ve Allah'u tealanın, "Bana dua edince, dua edenin duasına cevap veririm"[40] ayetine iman ederekten, günahkâr bir dil ile ama samimiyetle diliyorum. Nitekim "Rabbinize alçak gönüllüce ve için için dua edin"[41] diye buyuruyor.

Allah'ım, biz ziyandayız ve rahmetinden büsbütün mahrumuz. Çünkü mahlukuz, çünkü yaratılmış olma gayesini unutup, nefis ile nesneye meyledenlerden, zafiyet gösterenlerden olmuşuz. Bizlere hidayet nasip et. Bizleri mahşer günü amelimiz ile değil 'merhametin, Rahman' ismin ile yargıla. Günahından ettiğimiz tövbeye, tekrar düşürüp tövbe ettirme. Nefsini bilenlerden eyle. Bizi, bizden koru. Biz isteriz. Hayır mı, şer mi bilemeyiz. Hayırlı olan şerden, şer görünüp hayırlı olan amelden sana sığınırız. Rabbim! Ey herkesin bırakıp gittiği ama bizi bir an bırakmaksızın gözetlediği yüce mevlam, Mukarrebun ve iliyyun makamındaki hafazaların seni tespih ettiği her an için, sen de günahlarımızı hayra teşbih et. Hazenei Cennet meleklerinin 'Hoş geldin, Allah'ın selamı üzerine olsun' dediği bir kul da biz olalım. Bizi, bize düşürenler-

[40] Bakara / 186
[41] A'raf / 55

den uzak kıl. Bizim, dünyada cehennem bataklığına düşen ayaklarımızı 'İslam' üzerine sabit kıl.

"İyi ve yararlı işleri güzel şekilde yapanları seven sensin."[42]

Yaptık...

"Tövbe edenleri seven sensin."[43]

Tövbe ettik...

"Sakınanları, sözünü yerine getirenleri seven sensin."[44]

Sakındık, sözümüzü yerine getireceğiz...

"Öfkelerini yenenleri, insanları affedenleri seven sensin."[45]

Öfkemizi yendik ve affettik...

"Sabredenleri seven sensin."[46]

Sabrettik...

"Tevekkül edenleri seven sensin."[47]

Tevekkül ettik...

"Adil davrananları seven sensin."[48]

Adil davrandık...

"Seni seveni seven sensin."[49]

Sevdik, Seviyoruz...

"Tertemiz olanları seven sensin."[50]

Temizlendik...

"Adaletli davrananları seven sensin."[51]

Adil davrandık...

'Sevdim, affettim' dediğin, altından ırmaklar akan cen-

---

[42] Bakara / 195

[43] Bakara / 222

[44] Â'li Îmran / 76

[45] Â'li İmran / 134

[46] Â'li İmrân / 146

[47] Â'li İmran / 159

[48] Mâide / 42

[49] Maide / 54

[50] Tevbe / 108

[51] Hucurat / 9

net ile müjdelediğin bir kul' da biz olalım. Bizi mahşer günü Efendisi (s.a.v.)'e mahcup olanlardan eyleme. Duasına nail olmayı nasip et. Yedi kademe ile geçilen sırattan karşıya geçip, Muhammed Mustafa (s.a.v.)'in eteğine yüz sürenlerden kıl. Dergâhından kovma bizi. Nefsimize diz çöktürmemize yardım et. 'Bittim' dedirtmeden 'Yettim' diyensin. 'Aldandık' diyerek hüsrana uğratma bizi. Sol omzumuzda duran Kiramen kâtibe yazdırma amelimizi. Defteri sağından verilip, "Size selam olsun"[52] denilenlerden eyle. Çektiğimiz onca külfet, birlikte yeryüzünü paylaşıp aynı havayı soluduğumuz onca zalim, kefareti olsun günahlarımızın... Biz, seni bilir, senden isteriz... Sen Rabb'sın, biz beşeriz.

Elinden geleni yaptıktan sonra beceremediysen,
Kalbinden geleni yap, dua et mesela.

[52] Zümer / 73

Hiç

'Ne oldu?' derler,
'HİÇ' dersin...
Hikâyesi uzun olanın,
konuşulacak meselesi kısa olur.

'Ne var, ne yok?' diye sorulan her soruya 'hiç' dersin. Har var, İmtihan var, Çaresizlik var.

Var olana da, yok olana da şükür demektir 'HİÇ' demek.

Gönül! Telaşına düştüğün şeye bak! Seni gören de can senin sanacak. Emanetçisin sen, uzun bir yol verildi. Uzun bir zaman ve bir yük. Yük bedendir ve ruhtur onu taşıyan. O yükü aldığın gibi getirebilecek misin? Mesele orada. Yoksa herkes bilir, 'emanete ihanet etmeyi'. Gençliğin ve kanı hızlılığın verdiği zafiyetle herkes hakkını vererek yaşar ömrünü... Bir yolcuyum ben. 'Bu dünyada yaşıyorum' diyemem, 'bu dünyadan kaçıyorum'. İki dünyadan da öte bir yerde, araftayım. Durduğum yerde doluyorum coşkun denizler gibi. Ama hep kendi içimde taşıyorum. Yıldızlar gibi yemeden, içmeden yaşıyorum. Oturduğum yerde ay gibi ayaksız yürüyorum. Bulutlar gibi desteksiz duruyorum. Sayı ile sayılmayan, göz ile görülmeyen, kırılmak ile tükenmeyen bir gönlüm var benim, gökyüzüne astığım... Bir âlemim başlı başıma, içinde benden öte ben, tenden öte ten olan ve diğer âlemlerin içimden geçtiği. Ölümden korkum yok. Sadece yaşamaktan yana mahcubiyetim var. Yaşamaya gücüm yok, sadece mecburiyetim var. Ben O'nunla bir bütünüm. O yoksa, bir yanım hep noksan. Aşinalıktan öte bir derdim var ifşa edilemeyen, hekimi çaresiz bırakan... Derdim, içimdedir benim. Beni O var etti. Yok oluşum O'nun varlığından. O benim nefesim, O benim sırrım. Belki senin de bir sırrın var ama, hem o sırlarım ben, hem o sırları saklayanım... Beni sormayın yaşadığınız dünyada. Beklemeyin ebedi kalacağınız hayatta. Ben O'nun varlığında yok oldum. 'La'dan çıktım varlık oldum. 'İlla'da vardım, yokluk oldum. Aklını yüreğine köle edip bu yola girenlerdenim... Ne Mecnun'um, ne meczup. Ama müjdeler olsun ahvalimi merak edenlere, 'Artık deliyim'. Beni O deli etti. O! Yani 'AŞK'... O göründükçe ben O'na yaklaştım. O'na yaklaştıkça kendimden uzaklaştım. Herkes O'nu bende, beni O'nda bilsin. Akıbetimi soranlara, bir 'Hiç' oldu desinler.

Benlik Değil, Birlik İçin

Bazen insan, ister istemez bir şeyleri bitirmek zorunda kalır. Çünkü her şeyin fazlası felakettir. 'Olsun' dersin, olmaz. Israr edersin, zorlarsın tüm imkânları, imkânsızlıkları. Ama nafile. O (c.c.) istememiştir bir kere ve yine olmaz. Bilemezsin, düşünemezsin, gaibi göremezsin. Her şey zamanla olur. Zaman içinde geçirdiğin duayla. Sonra tamamen bitirirsin. Sızlanıp olmasını istediğin duaya, gün gelir olmadığı için şükür edersin. Çünkü bu işin 'hayırlısı, şerri, nasibi ve kısmeti vardır'. Verdiğine, vermediğine vekil olan Allah'tır.

İnsan, hayır mı, şer mi bilmeden ister. 'Çünkü insan, çok acelecidir.'[53] Gelsin der, olsun der, gönlünün istediği ömrüne sunulsun ister. Ama 'benim istediğimi Allah istemiyorsa?' diye düşünemez. Nitekim insanda benlik vardır. Öyle bir egoya sahiptir ki insan nefsi, gölgesi bile mugayyir olur kendine. Hep ben der. Şeytan da ben demişti, onu bitiren de benlik değil miydi? Bir şeyler birbirlerine uzakken mi daha fazla olur, yoksa yakınken mi? Biriktirdikçe artmaz mı bir şeyler? Neden kendimiz için istediğimizi bir başkası için istemiyoruz? Aynı duaya 'amin' demek rükün değil mi? Kendimiz için ne diliyorsak, bir başkası için kendimizden önce aynı şeyi dilemeliyiz. Sonuç itibarı ile istediklerimiz ya bir eksik, ya bir fazla. 'Biraz huzur, biraz sükûnet, biraz daha fazla mal ve dünya ahiret mutluluğu.' İnsanı kuvvetlendiren

---

[53] İsra / 11

benlik değil, birliktir. O halde 'Kişi kendisi için istediğini mümin kardeşi için de istemiyorsa gerçekten iman etmiş sayılmaz' diyen Peygamberin hadis-i şerifine tekrar iman ederek, benliği bir kenara bırakıp, dua ederken hep uzakta tuttuklarımız için edelim. Gerçekten bir şeylerin yoluna girdiğinin ve kaybettiğimiz huzuru yeniden bulduğumuzun farkına varacağız.

Ne Olursun, Gel

Yaşarken rahmetten mahrum kalanlara,
Ölürken rahmet okunur...

"Fe firru ilallah!"
(Allah'a firar ediniz)

"Ne olursan ol, yine gel" diyen dergâhı geniş, gönlü umman Aşk'ın Pir'i Ebu Said-i Ebu'l-Hayr'ın, Rabbin rahmetine işareti ile yeniden gelelim hem kendimize, hem Rabbimize. Onlar ki, hakikat kapısının eşiğinde bizleri bekleyen Allah dostları. Onlar, yol göstermezler. Çünkü mümin için tek yol vardır. Hakk'a giden hakikat yolu. Onlar yolcuları ağırlayan, ağırbaşlı, ahirethane kapısının metbularıdır.

Gel demekten kastı dünyevi değil, uhrevidir. İster çamurdan ol, ister topraktan. İster hayâdan uzak ol, ister ardan. Bazı kapılar dışarıdan değil, içeriden açılır. Kapı, o kapıdır. Ne kadar uzakta olursan ol, ne kadar geri döndüysen o kapıdan umudunu yitirme. Nasıl olursan ol, ne halde olursan ol yeniden gel. Çünkü, "Allah'tan başka ne bir dost, ne de bir yardımcı bulamazsın."[54] "Allah kuluna kâfi değil mi?"[55] Tam kimsem kalmadı dersin. Allah bir lahza, bir vesile ile hatırlatır kendini sana. Unutmuşsundur Rabbini. Çünkü bilgenin dediği gibi, 'Hatırlamak, unutmaktan geçer'. Gel der. Çünkü O'ndan başka gidecek ne yerin,

---

[54] Şura / 31
[55] Zumer / 36

ne de kimsen vardır. "Şüphesiz dönüş Allah'adır."[56]

Ebu Said-i Ebu'l-Hayr, 'Ne olursan ol, yine gel' diyerek alçak gönüllülüğünü ortaya koydu. Bu kapı 'edep' kapısıdır. İnsan olmadan gelme! Gel demesinden kasıt şudur ki, sen ne halde olursan ol, avam isen, biz seni arif haline getiririz. Eğriysen doğrultur, hırslıysan oturturuz. Her şey kalpten geçer.

Allah'a ulaşmanın yolu çoktur. Kimi aşkı seçer, kimi meşrep meşkini. 'Selamet ve esenlik ile Allah'a gitmek varken, sela ile gitmek ziyandır. İnsan ömrü, iki ezan arası kadar kısadır. Bir ezan kulağına, bir ezan toprağına okunur. Vakit içinde 'gel' davetine icabet etmeyene, kabir azabı dokunur.

'Gel! Ne olursun gel!'

---

[56] Alak / 8

Kalp

Kalp, beyaz bir sayfaya benzer. Ne yazarsan onu doldurur. Ve ne dolduysa onu okur. Onu söyler. Bu yüzden, her şeyden önce kalbini koru. Bilmesen de, yıllardır uğramasan da, orada bir kuvvet durur, bütün yaratılmışları kudret elinde tutan. Koru kalbini, orada 'Allah var'. Allah'ın olduğu her yerde, hayâ var, ar var, edep var, hüzün var, huzur var, aşk var, sadakat var, sıdk var. Kalp, bir olup iki atar, birini hayatı için, diğerini 'hayatım' dediği için. Kalp, Allah diye atıyorsa aziz, Allah diye atmıyorsa zelildir. İnsan, kalbin üstüne çöreklenen vicdanı kadar insandır. Kalp, bütün organları himayesinde tutup ram ettirendir kendine. Niyet, kalpten başlar. Gayret, niyetten geçer. Hiç gördün mü kiraz ekildiğinde karpuz veren toprağı? Kalp, toprak gibi olmalıdır. Ne kadar ezilirse ezilsin, ne kadar kırılır ve incinirse incinsin, hep toprak gibi güzel şeyler vermelidir. Vermelidir ki, utandırabilsin nasipleneni. Güller versin, kimse dikeninden şikâyetçi olmasın. Bu dünya sevgi üzerine kuruldu. Kalbin altında var bir perde. Ve o perdenin ardında derman veren var, her türlü derde. İn dehlizine ve bir yüz görümlüğü okşa kalbini.

Kalp, bir organdan ibaret değildir. Göğsün sol yanına düşen, bütün bir ömrü tek solukta tamamlayan kuvvettir kalp. Kalbi kalıp tutmuş olanlar, kal'dır.

Alacağımız Mahşere Kalsın

Her insanın bir kaderi,
her yüreğin bir kederi vardır.

'Sabır' diyorum işte sabır. Kader sınayıp, Rabbim imtihan ediyor bizi. Nasip diyorum işte, nasip. Ben istedim, Allah istemedi. Ben 'nasip' dedim, Rabbim 'imtihan' dedi. Selamet mi olur sonu yoksa felâket mi bilmiyorum. Ama sabırla bekliyorum, direniyorum. Yenilmemek ve dizlerimin üstüne çökmemek için. Çıkmaz olan onlarca yoldan çıktım. Bitmez dediğim onlarca şey bitti. 'Gitmezlerim, ayrı kefede tuttuklarım kim varsa gitti.' Hepsini 'sabır' ile yendim ben. Yenilmedim. Ne zaman ki, 'Tamam, buraya kadar, sözlerin tükenip sabrın cana tak ettiği noktadayım, snama beni bu imtihanla Allah'ım' demeye yeltensem, Rabbim ellerimi hiç bırakmadı. Ve ben tevekkülden hiç ayrılmadım. 'Aynı anda, aynı imtihana tabi tutulmak, tevafuk değil de nedir?' dedim. Ve imtihanın yorgunluğu ne zaman çökse üstüme, ne zaman olmasa olurlarım, olur sandıklarım, 'Kader işte kader' dedim ve mukadderata ram ettim gönlümü. Asla umudumu kaybetmedim senden Rabbim. Biliyorum, sonum olurdu solum, bıraksaydım kendimi olmazların peşine. Rabbim, bütün çıkmaz yollarıma bir çıkar ver, düşersem kalkamam. Ellerimi sen tutmazsan yıkarlar, yıkılırım. Yürek bu, ağır olur imtihanı. Her şeye dayanır da insan teni, bu yüke dayanamaz. Beni yüreğimden gelen korku ve imtihanlardan emin kıl. Yüreğim sana emanet Rabbim. 'Ne yazdıysan başım üstüne' deyip susuyorum. Biliyorum ki, bir sonu olacak bunların. Bir mükâfatı olacak elbet. Zira bu imtihan ve bu imtihanda bana bahşettiğin sabır boşa değil. Elbette karşılığı olacak bunların. Almadan vermek, sadece sana ait Rabbim. Ben bu dünya denen hanede bir şey istemem. Alacağım mahşere kalsın. Yüreğimi kaydırma, sabrımı caydırma yeter.

Kün

Her şey O'nun 'Kün' emri ile başladı. "İnsan, henüz anılır bir şey değilken, üzerinden uzunca bir zaman geçti."[57] "Sonra Rab, 'Kün' dedi, arşı var etti. Sonra gökyüzünü, sonra yeryüzünü beşik yaptı."[58] Gecenin içinden gündüzü, gündüzün sonundan geceyi yarattı. Sonra bir 'Kün' daha dedi, 'insan' denilen eşref-i mahlukatı, Adem (a.s)'dan başlangıç etti. İnsanı şereflendirdi. İnsana yerin altından, göğün üstünden nimetler verdi.

'Kün' dedi, insanın yüzü güldü, 'Kün' dedi, bütün mahlukat rızkını buldu. 'Kün' dedi, dağlar yerine oturdu. 'Kün' dedi bulutlar gürledi. 'Kün' dedi yağmurlar çağladı. 'Kün' dedi ağaçlar yeşerdi. Fidanlar büyüdü, kuşlar kanat çırptı. 'Kün' dedi, Habibi Kibriya 'Sıdretûl Münteha'ya çıktı. 'Kün' dedi, dünya var oldu. 'Kün' dedi, kalpler mutmain oldu. 'Kün' dedi, balık suda koşuşturdu. Aşktan Nebiyullah, Lâ'dan Resulullah (s.a.v.) oldu. Çünkü her şey O (c.c.)'nun, 'Kün' emrine ram oldu. Su yatağını buldu, insan nasibini.

Ey Murad'ımın visali kudret elinde olan Rabbim!
'Kün' de, imkânsız dediklerimiz olsun.
'Kün' de, içimiz huzur bulsun.
'Kün' de, kalbimiz nefsimizden korunsun.
'Kün' de, bu dünyada barış, kardeşlik daim olsun.
'Kün' de, olmazlarımız, olmaz sandıklarımız olsun.

---

[57] İnsan / 1
[58] Zuhruf / 10

Ey 'Kün' diyen, olurlara razı ettiğin gibi olmazlara da razı et bizi. Rızandan alıkoyacak her şeyden koru kalbimizi. Unutturma seni bize. Ben isterim, o ister ama senin dediğin olur.

'Kün' de olsun olmaz sandıklarımız.

Her şeyimiz senin 'Kün' emrine amade. Mademki varsın, mademki bakisin ve mademki faniyiz. Şüphesiz senin 'Kün' emrine köleyiz.

Sen 'Kün' dersen, gece karanlıklarda hüznü, kederi beşik yapmayız odalarımıza. Sen 'Kün' dersen, yeniden başlangıç yaparız hayatımıza. 'Affım olmaz' dediğimiz her günah için 'rahmetim olur' serinliği gelir ruhumuza 'Kün' emrin ile.

Bütün kusurumuz ayandır sana. Beyanı yoktur, izahı yoktur merhametinin. Sen ki, yokluk sahasında 'varlığı var edensin'. Sen ki, varlığına asi olana bile rızk verensin. Senden asla ümidi kesmem. Sabit kıl bizi 'Kün' emrindeki amentüye. Sen ki, Hz. Yunus'u balığın karnından, Hz. Yusuf'u kuyudan, Hz. İbrahim'i ateşten kurtardın. Bizi de kurtar bu dipsiz dünyanın hengâmesinden, bizi de koru nefsimizden, Ebu Cehil'lerden, cahillerden...

'Kün' de, çıksın hayatımızdan istemediklerin top yekûn.

Naat

'Ey gönül! Dön de bir bak ardına. Ne kaldı akıp giden zamanlardan geriye? Ne var heybende? Bu dünyada neyin hamallığını yaparsın? Onca çabalarken, kovalarken, nasibinden bir fazlasını alabildin mi dünyadan? Gaflet içinde yüzerken gafil bir başla, boğulma endişesi duymadın mı hiç?' diye sorardım bir zamanlar.

Ben, kaderimin önüme serdiği her şeye, her şerre 'amenna' diyerek sabrettim. İmtihan için geldiğim bu dünyanın 'amentü' teslimiyetine sığındım. Neyin visali ile yanıp kavrulduysam, en çok ondan imtihan edildim. Ben bu dünyanın yabancısıyım. Ben bu toprakların 'sadık' diye adlandırdığı ve sonunda kendine sarıp sarmalayacağı yolcusuyum. Ezerken ayaklarımla toprağı, utancı var, altında Resulullah yatarken üstüne basmanın. Acaba diyorum kendi kendime, 'Allah, yerin altındakilerin hatırına mı mühlet veriyor yerin üstündekilerine? Yoksa, yerin üstündeki gafiller için mi rahmet ediyor yerin altındakilerine?'

Ne zaman bir zillet, bir zulmet kaplasa beni ve buhranına duçar olsam içinde bulunduğum sıkıntının, 'Rabbim diyorum Rabbim, bana biraz inşirah'. Ve ne zaman mutlu olup, hayatı şen şakrak yaşamaya yeltensem, 'Ey vedud olan! Bana biraz Muhammedi hüzün'.

Sonun başlangıcına nasıl gider, nasıl ederim bilmiyorum ama zül bir vaziyette, hüviyetini kaybetmiş, hürriyet isteyen olmaktan korkuyorum. Şecaat edip muktedir olmaya çalışıyorsam bu yüke, şefaat etsin diyedir. Ayıpların ifşa olduğu o vakitte, ayıplama beni.

Dünyadır. Her şey nasip kadardır. Her ölüm, sahibine kaderdir. 'Her istediğim neden olmaz?' diye düşünürken, 'her istediğim neden olsun ki?' deyip teskin ediyorum kendimi. Çünkü öyle olmasa, varlığım doldurmaz dünyadaki yerini. Yerim dünya değil, cennet makamları olur. Çünkü yokluğun yok olduğu tek yer orasıdır. Ey cennet makamlarının sahibi. Ey makam-ı mahmuda tek olarak gönderilen sevgili. Ey duası ahirete muahhar olan. Ey beni karanlık gecelerde zılgıtlardan koruyan. Ey beni günahlardan tecrit eden. Ey teşbihi olmayan. Ey Allah'ın sevgilisi, âşık olduğu Habibi Kibriya... Gülmek memnudur bana. Melhuzum sensin. Sensin anlayanım, sırrım. Sır saklayanım. Dünya, senin kalbinden geçiyordu oysa. Ey visalini haşre sakladığım. Senden kalan hüzün vasıl olmuşken bedenime. Hun olan yüreğime mefsuh oluyor sevgin. Ey melaikelerin methettiği. Aşkın başımdan aşkın. Bu gönül sana mest, aruzdur bana mevt. Hayat değil, memattır yokluğun. Adının her harfinde teheyyüce kalkarken kalbim, 'Yokluğun ile sükût ediyor'. Ben yüreğimi teberru ettim senin hüzün yıllarına. Varlığını andım, orada yanında olmak istedim. Heyhat. Teferrüt halindeydim, ölmek istedim. Ey sadatların serveri. Evliyaların, enbiyaların metbu olduğu. Ey kâinatın bedii varlığı, yoksun ve kâinat bereketten yoksun. Bezirgânlar düzenbaz, insanlık fakr u zaruret içinde. Ahirete ihzar oluyor dünyalık odunlarımız. Seni bekleyeceğim bir kapın yok bu dünyada. Ey beni cennet kapısında bekleyen vefakâr dost. Vechim Kâbe'ndir, maksadım sen, maksudum sen. Beni hayra yor. Günahlarımdan ötürü 'şefaat et' demeye utanıyorum. Onlarca mutasavvıf, binlerce kâtipler, musannifler ve fakihler ararken varlığını, 'hüzün' kalıyordu zahirde. Gerisi gaibde, gerisi mahşerde. Ey fani bir bedenle, baki seven! 'Veca'larıma biraz ecza, ayet üfle yaralarıma ve peyderpey teskin et ruhumu'. Ey mihnetlerimi gideren. Yüzüm yok yüzüne bakmaya mahkeme-i kübrada. Ey maşukum! Muvakkak bir ömrün telaşında, müeccele bırakırken hayırlı bir ameli, sonradan duyuyorum mağmum bir emeli. Ey güzellik denildiğinde mahut olan. Varlığın, ümmete mukteza. Beni ve bütün ümmetini şefaat elinle okşa. Sana olan sevgim ve mergubum hatırına, örtbas etsin Cenab-ı Rahman günahlarımı. Kefaret etsin ahlarımı. Talebim sanadır, taksiratlarım sana. Cürmümü musaffa eyle. Sığınağım, dayanağım sensin Ey Muhammed Mustafa sallallahu aleyhi vesellem.

Teslimiyet Göstermek

Nedir bizi bu kadar yoran? Nedendir bu iç çekiş? Bir ferahnak makamında neyleşirken kendimle, 'neyim ben' diyerek dönüyorum geçmişe. Kazanmak ve kaybetmek. Hepsi bu. Sol gözün sağ gözü göremediği gibi, insan da kaybettiklerini görmez. Ta ki bir ameli ile denk gelip yokluğunun aksi vurana dek. İşte insan da, kalp denilen bazen külfet bazen refaha giriftar olmuş mahzene uğramadan anlayamaz. Ve noksansız bir muhasebe yapamaz.

Ne çok şey kaybettik farkında mısınız? Kandilleri yanan şehirlerin söndü çerağı. Ferahnak makamında ihya olan gönüller artık hicazkâr makamlara gebe. Kaybettik bereketi, helal lokmayı, doğru sözleri. Artık küçük bir çocuğun dudaklarından haykırdığı kahkahalara gıpta eder olduk. 'İnsanlığı kaybettik, bütün insanların göğüs kafesinin melcesinde.' Huzuru kaybettik ve sonra samimiyeti.

Sonra kendimizi kaybettik dört bir yanı çukur olan şu koca dünyada. Kendimizi aramaya başkalarından başladık. Yıkıldı düzen ve başladı ihtilal. Susturuldu ezanlar. Gökten düştü yerlere dolunay, yıldızlar ve hilal. 'Tanrı uludur' dedi muasır imamlar. Herkes Rabbin kuludur ey asra marjinal ve düzenbazlar. Kaldırın kirli ellerinizi arşın pak kiliminden. Utanın maslup âlimlerin edebinden, makamından, ilminden.

Değerlerimizi kaybettik ve değerimizi sonra. Sonrası bilindik son işte. Yalnızlaştık, kendi yağımızda kavrulduk. Muhabbetler sarmadı, insanları samimi bulmadık.

Hiçbir şey yapmadan yorulmaya başladık. Ey mutmain olmuş, huzura kavuşmuş insan! Kalk! Silkelen ve kendine gel. Burası dünya, burası uyanacağın bir rüya. Doğan güneş ısıtacak donmuş hayallerini. Külhan gibi yanan bağrına ecza olacak yarınlar. Savruk halinden sıyrıl, savur kendini. Tevkif et aymaz halini. Yol bir, kapı bir, hal bir. Aşkla gel. Çık yola.

'Sonu nereye varır?' diye sorma. Kendini 'sır' olan sorularla yorma. Yoğrul aşkla. Teslim olup gel. Teslimiyet, tekasül değil, mutluluğun tekabül halidir.

İnsan Çok Aceleci'dir

İnsan neden acı çeker bilir misin? Çünkü ısrarcıdır. Çünkü hırslıdır. Bir şey olmuyorsa eğer inat etmeyeceksin. Olmamasını istediğin bir şey oluyorsa, Rabbinden bilip kabul edeceksin. Çünkü insanın en büyük imtihanı, en çok zaafından olur. Tevekkül diye bir şey vardır. Allah onu nasip etsin. Gerisi teferruat, gerisi boş vaat.

İnsan neden kaybeder bilir misin? Neden vazgeçer hayallerinden? En çok olmasını dilediği ama olmadığı, daha doğrusu olmasını için devam etmediği istek ve arzularından. Çünkü yorulur. Bedene sabrın tak ettiği noktada, Allah, 'bana bırak' der. Çünkü vekil O'dur. Kefil O'dur. Bazen kefaret olur bir şeyin olmaması, bazen felaket olur bir şeyin olması. İnsan bilemez. İnsan naçardır. İnsan, hüzne duçardır. Çünkü yaratıldığı yer dünyadır. Öyleyse her zor işte Allah'ın bir yardımı vardır. Ve Allah'tan yardım dileyene Allah yardır. Hadi dost. Yüreğindeki bütün kırıklık, burukluklarıı ayetlerle sardır. Bu hayatta sevecek ve sevilecek birini arıyorsan, Uğraşma! Yaratılmış olma gayesini unutan beşer, sevmenin ve sevilmenin gayesini bilebilir mi?

Seveceksen, bütün yaratılanları yaratanı sev. Zira O asla terk etmez. O asla sevmekten vazgeçmez. O ellerini bırakmaz. O korur, gözetir, sakınır.

Geldiğinde kızmaz, gelmesen kızmaz, geç gelsen kızmaz. Bugün eğer fecrden sonra göğü inletiyorsa müezzinler 'esselatu hayrun mi'nen nevm' diye, var demek ki ciddi bir şeyler. Nitekim dünya başlı başına bir uyku haleti değil mi? Yataksız, döşeksiz...

Öyleyse, bunca mihnete, biraz daha mühlet,
Öldürmeyen yara, diri tutar elbet!
Yeter ki,

'Allah'tan yana hep umudun olsun,
Ve umudunu Allah'tan tutana, aşk olsun'...

Aşk Olsun

Eğer ki bu dünyada sevmek ve sevilmek tek bir fani olanda külliyet kazansaydı ve baki olsaydı, insanoğluna tek bir maşuk yakışırdı, o da Efendiler Efendisi. Mefret bir sevgiyle O'nun adı anılırdı tüm yürek menfezlerinde. Ama insan işte. Hem maşuk, hem de maşuka mezkûr huzura aykırı. Sevmek, adı var, tarifi yok. Tariften öte, marifet isteyen hakikat perdesi. Madem ki hakikattir aşk. Ve madem ki 'Hakk' geçer içinde, öyleyse sevmek gerek var olanı mümeyyizce. Aşkla kurulu dünyayı, menfaat ve zaafımızın olduğu dünyevi aşklarla yıkmayalım. Kusur ararsan çoktur. Kendine kusurla bakarsan, başkasında kusur yoktur. Mademki, dünya artık napak ve muğlak. Bir tek sevgimiz olsun bari birbirine pak.

Çıkarsız, minnetsiz ve müessir bir duyguyla sevelim birbirimizi. İnsanı kıymetlendiren, kıymet verdikleri değil miydi? İnsan, insana küser ne diye? Kalp, kalbe hısım olur ne diye? Yaşadığınız yerleri sevgi, şefkat ile doldurmazsanız, yerini öfke ve nefret kaplar. Bir balık, bir kuşa âşık olabilir. Sorun nerede yaşayacakları değil, devamlılığıdır. Çünkü âşık olmak başka, sadık olmak başka, sıdk olmak bambaşkadır.

Kirlenmiş, Ebu Cehil'lerin çoğaldığı bu dünyada, hassasiyetimiz bu yüzden aşkadır.

Aşk olsun! Sevip usanmayana.

Aşk olsun! Bahane aramayana.

Aşk olsun! Sadık olana.
Aşk olsun! O'nu bulana.
Aşk olsun! Hakikate kavuşana.
Aşk olsun! Aşkla mesrur olana.
Aşk olsun! Aşkla meşgul olana.
Aşk olsun! Aşkı âleme gark edene.
Aşk olsun! Canı, aşk pazarında hibe edene.
Aşk olsun! Tevellütten, yevmûlkıyamete aşka ihtiras edene.
Aşk olsun! Baki olana meyledene.
Aşk olsun! Dünyaya.
Aşk olsun! Aymazlara.
Aşk olsun! Tevfiklere.
Aşk olsun! Fakihlere.
Aşk olsun! Kırklara.
Aşk olsun! Muhakkiklere.
Aşk olsun! Mecluplara.
Aşk olsun! Mecnunlara.
Aşk olsun! Meczuplara.
Aşk olsun! Serkeşlere.
Aşk olsun! Sufilere.
Aşk olsun! Muteberlere.
Aşk olsun! Müçtehitlere.
Aşk olsun! Velilere.
Aşk olsun! Delilere.
Aşk olsun! Kuşlara.
Aşk olsun! Dervişlere.
Aşk olsun! Ermişlere.
Aşk olsun! Erememişlere.
Aşk olsun! Avamlara.
Aşk olsun! Ariflere.
Aşk olsun! Muhammed (s.a.v.)'e.
Aşk olsun! Yerin altındakilere.

Aşk olsun! Yerin üstündekilere.
Aşk olsun! İkisi arasındaki muzlim varlıklara.
Aşk olsun! Yer ile göğü kudret elinde tutana.
Aşk olsun! Aşkı tadamayana.
Aşk olsun! O ihtişamlı duygudan mahrum kalana.
Aşk olsun! Aşka inanmayana.

Allah Yâr

Allah'ı bulan, kendini kaybeder. Kendini kaybeden, Allah'ı bulur. Son sığınak insan için, her zaman Rabbidir. Zira insanın ne zaman başı sıkışsa, ne zaman huzur arasa, ne zaman bir şeylere 'imdat' dese O (c.c.)'na yaklaşır.

'Allah var' demek her kişinin, 'Allah yar' demek er kişinin harcıdır'. Her insan kıymet verdikleri ile meşgul olur. Dostum, O yetimken barındıran, kuyudayken sultan kılan, çaresizken çare olan değil miydi? Bütün dünya fani. Ne saltanat baki, ne de sanat. Ey eşref-i mahluk! Kalbinde ne araz varsa çıkar at. Korkma, O (c.c.) senin ne yastık altlarında hıçkırıklara boğulduğunu görendir. O (c.c) senin, kime, neye ve ne için konuştuğunu anlayandır. O (c.c.) senin kalbinin içindeki güzellikleri bilendir. O (c.c.) uğradığın haksızlıkları, O (c.c.) seni dili ile incitenleri, O (c.c.) senin vefa adına, sevgi adına, kırmamak ve kırılmamak adına sustuklarını işitendir. O (c.c.) senin kırılan yanlarını sarandır. Unutma! Senin için dünyada baki olan bir tek O (c.c.) vardır. Ve eğer yaptığın her işte, söylediğin her sözde, baktığın her yerde O (c.c.) varsa, sana bir tek O (c.c.) yardır. O (c.c.), bıraksan dahi bırakmayandır. O (c.c.), sevgilidir. O (c.c.), merhametlilerin en merhametlisidir. O (c.c.), Gafur olandır.

Kötü günlerin oldu, hatırla! Gün geldi sevdiklerinden, gün geçti murad ettiklerinden imtihan oldun. Bazen yaptıklarından, bazen yapmadıklarından pişman oldun. Ama hepsinde O (c.c.)'nu hatırladın. O (c.c.)'nunla yüzleştin. O (c.c.)'ndan utandın.

Tasalanma!

Ne zaman ki kendini güçsüz, kuvvetsiz hissettin, 'Fill suresini hatırla'. Bizim geldiğimiz yerde, baktığımız pencerede ve görmediğimiz asr-ı saadette, kuşlar filleri yener. Hadi bunca endişe, bunca telaş yeter. Sadece O (c.c.)'nu an, O (c.c.)'na dayan. Nitekim O (c.c.)'ndan ayrı düşene, yaşamak ölmekten beter.

Sen O (c.c.)'nunsun. O (c.c.)'nun kulusun. Bırak seni O (c.c.) korusun. Taşıdığın beden O (c.c.)'ndan emanet, dara düşersen O (c.c.)'ndan um medet. Nitekim bütün kusurların hep O (c.c.)'na ayan. Yoktur O (c.c.)'nun merhametine dilimden beyan. Uyan ey gafil kul, uykudan uyan.

Zahiri perdeyi gözünden kaldır, batını görmek için kalbe bir tövbe aldır. Her zorlukta bir kolaylık vardır. Her kula, her zorluğu kolay kılan bir yaradan vardır.

'Her yaradılana yardım eden Yaradan yardır.'

Kurtuluş, Allah'a Selim Kalp ile Gelenleredir

İnsan için Allah,
Var günlerin değil,
dar günlerin dostudur
ne yazık ki!

Biz her işin kolayına ve basit soruların aptallığına sığındık. Biz önce kendimizi, sonra çevremizi ve en sonunda Allah'ı aldatmaya çalıştık. Yanıldık!

Ne zaman ki gönlümüzde huzur vardı ve her şey yolundaydı, teşekkür etmedik. İşte o zaman aldandık! Elimizde olana bakıp şükretmek yerine, başkalarında olana bakıp nankörlük ettik. Ya da teşekkür etmek için fırsat bulmadık. Sonra sarsıldık. Küçük bir imtihanın zelzelesi yıktı bizi. O'na ihtiyacımızın olduğunu bildik. Ama kendimizde o yüzü bulamadık. Utandık!

Fırsatımız oldu bu defa ama yüzümüz olmadı. Çünkü unuttuk. Varlıkta var olanın, yoklukta varlığını aradık. 'Vakti gelince kılarım, dur ya daha erken, fırsat olmuyor, gönlümden geçiyor ama beceremiyorum' deyip huzurundan kaçtık. Bize huzur verenin.

Sonra gaflete daldık. Günah içinde yüzdük. Pişman olduk ama pişmanlığımız da bizi oraya, o tövbe kapısına getirmedi.

'Hangi yüzle namaz kılayım? Ben sözümde duramam, tövbe edemem, kendime güvenmiyorum, daha yaşım genç' diyerek yine kaçtık. Onca kovalanmamıza rağmen.

İyi de, nereye kadar? Sormazlar mı insana, 'ne getirdin üç günlük dünyadan?' diye. Zahmet olmazsa, rahmet olmaz. Ya bugün, ya yarın duracaksın zaten huzurunda. Kim ister ki mutlu bir şekilde varmak varken, pişmanlıkla, gözyaşıyla sevgiliye kavuşmayı?

Farkındasın. Biliyorsun sonunun "gök yarılıp da yanıp kızaran yağ gibi kırmızı gül haline"[59] gelen cehennem ateşi olacağını. Ama bu durumdan memnunsun galiba. Tamam da, biz değiliz. İstemeyiz bir katre cehennem narının bedenine müstehak olmasını.

Senin Allah'tan başka kimsen yoktur. Yüzsüz ol biraz, bir şey olmaz. O (c.c.) seni yaratan, en iyi bilendir. Bırak yüzsüzlüğün Allah'a olsun. İsterken nasıl yüzsüz isen, şimdi de öyle yüzsüz ol ve gel. Aklıselim hevalardır aklının en selim halini senden alan. Gel!

Çünkü,

"Kurtuluş, Allah'a selim kalp ile gelenleredir."[60] Allah'la aranda dünyadan başka engel yoktur. O perdeyi kaldır. Allah'ta yok ol, yeniden var olmak için.

---

[59] Rahman / 37

[60] Şu'ara / 88, 89

Allah'a Bırak

Herkes oluruna bırakırken,
Sen, Rabbine bırak!

De ki, "Bizim başımıza ancak, Allah'ın bizim için yazdığı şeyler gelir. O, bizim yardımcımızdır."[61] İnsan ne zaman ki tükenir, ne zaman ki beşer olarak imtihanların şahikasına, sınırına ulaşır ve murad ettiğini elde edemez, işte o zaman Allah'a bırakır. Ancak, her işte Allah'ın bir yardımı olduğu sırrına eremez. 'Bir işi Allah'a bırakmak her kişinin, her işi Allah'a bırakmak er kişinin harcıdır.'

Allah'tan Allah var. Yoksa halimiz hal değil.

Sen O (c.c.)'na bırak. Nitekim O (c.c.), durduğun yeri, karar kıldığın şeyleri en iyi bilendir.[62] Eğer sen Allah'a bırakırsan, Allah da her şeyin en güzelini, en hayırlısını yoluna bırakır. O (c.c.) ellerini bırakmaz. O (c.c.) yüreğinin kararmasına, kalbinin kaymasına müsaade etmez. Çünkü O (c.c.) müminleri sever.[63] Çünkü O (c.c.) merhameti azabına galip gelendir.

Sen insansın, beşersin. Dünyaya tek bir göz perdesinden bakar ve uygun gördüğünü kabul edersin. Gaibi göremez, mahfuz olanı bilemezsin. Ama Allah, yüce sanatkâr, senin birtakım planların doğrultusunda değil, ebediyette hüküm sürecek sonsuzluk varlığınla hayatına yön verendir. Yaptığın her işi Allah'a bırak. Nasıl bir huzurla şekillenecek hayatın gör bak. Teslimiyet, tevekküldür.

"Allah'a tevekkül et. Vekil olarak Allah yeter."[64]

---

[61] Tevbe / 51
[62] Hud / 6
[63] Mâide / 54
[64] Nisa / 81

'İnanç nedir?' diye sorduklarında,
'Yağmur duasına şemsiye ile çıkmaktır' cevabını verin.

***

Allah, zamanında yeryüzünde onlarca kavim yarattı.
Kimini rahmet etti, kimini ibret, kimini helak.
Dön de o kavimlere bir bak! İçinde bulunduğun şu son yüzyılda hangi helak olan kavim yok?
Allah nasıl olur da, bizi helak etmez düşün. Bunu bir fırsat olarak değerlendir. Ve pişman olmamak için, pişman olarak olsun dönüşün.

***

Hani haklı olduğun halde susuyorsundur.
Anlatmaktan yorulmuşsundur.
Kırmayayım diyorsundur ve kırılıyorsundur ya hani,
Boş ver!
Allah görüyordur... Allah duyuyordur...
Allah biliyordur...

Madem Allah Var

Olana da olmayana da, gidene de kalana da,
İmtihana da inşiraha da, Sabr'a da selamete de,
'Allah yetiyor'...

Ben insanım. Kusur görmek değil, kusur örtmektir inancımın gayesi. Affetmek şanındandır büyüklüğün ve ben hep bir büyük gibi davranırım bu hususta. Sorgulamam, sorgulamak da istemem. Ama olur ya, ya Allah sorgularsa? Ki, sorgulayacak da. Kırılmışlığımı, hakkımı kapatırım ben bu dünyada. Açmam o sayfaları, açmak da istemem. Ama olur ya, ya Allah açarsa? Ki, açacak da. Ben kabul ederim yapılan kötülükleri, ardımdan söylenenleri, canımın yandığı günleri, ben unuturum, hatırlamak da istemem. Ama olur ya, ya Allah unutmazsa? Ya hatırlarsa? Ki, hatırlayacak da. Ben kabul ederim ama Allah kabul etmez bazı hesapları.

Bu yüzden her şeyi Allah'a bırakırım. Ne zaman ki, her şey yoluna girdi derim, işte o zaman bir imtihan gelir ve çöreklenir göğüs kafesime, hayatımın orta yerine, 'Sen misin mutlu olan' diye. Ve o zaman anlarım. Hiçbir şeyin güzel olmayacağını. İnsanın hep sınanacağını. Cahilin karşısında dilsiz olurum, zalimin karşısında pervasız. Kendini akıllı zanneden sevdiklerim karşısında ise aptal. Beceremem yalan dolanla doldurmayı dünyamı. Şerefim, onurum ve inancım için yaşarım. Biri eksik olursa ben, ben olamam. Bir şeyleri yapmadan önce tevekkül eder, sonra niyet ederim.

Bir gönlüm var ki, genişliği ummanlar kadar. Kırgınlığı dağlar, ovalar. Biliyorum ki Allah kulu, kul ile sınar. Ve sevdiği bir insanın ömrünü bunlarla oyalar. Kırılmak çok, incinmek çok. Dünya bu yüzden huzursuz. Ama unutma! Allah çok büyük kuşkusuz. Yüreğim, içinde yaşatıp değer verdiği insanların cenaze namazını kılmaktan yoruldu. Bir şükür ister ki, iki rekât.

Dedim ya, 'Bazı hesaplar bu dünyada kapanmaz'.

Bana bu dünyada 'EyvaAllah' dedirten Cenab-ı Hak, beni incitene 'Eyvah' dedirtir. Mahşerde birikmişliğim çok. Şikâyetçi olduğum hiçbir imtihanım yok.

Çünkü bu dünyada bana ne olursa dar, dostum Allah olduktan sonra, elbet bir çıkar yolu var.

Madem Allah var, madem 'adalet' var.

Haksızlığımı da, hakkımı da Allah bilir... Allah görür... Allah sorar...

'Her şey burada bitmeyecek ki!
Dünyanın ötesinde bir dünya,
Hakkın ötesinde bir hak soran olacak elbet.'

Naat II

Akıl kârı değildir zamana bakıp ibret almamak.

Yüzleştirin hayatları...
Misli olmayan muayyen ve muazzam vaveylaların hamallığını yapan bedenleri. Ve haşmetli, musapsız bir zamanla, muteber olan karakterleri. Getirin ve koyun şehrin arafına. Bütün fazlalıkları, eksiklikleri. Kimi mustarip, kimi serkeş, kimi memnun bu hayattan. Bulun ve sorgulayın mücrim olanı. Ey ecza niyetine ayetler okuyan! Ey varlık içinde vasi olan! Sorun asi olana, kimdedir derman? Kimdir bu dünyayı bu düzene ram ettiren. Tezgâh düzenbazları, kâhinler, şairler, materyalistler. Ve üçler, yediler, kırklar! Ferasetsiz, zecri yaşam koşullarına bir umar. Teavünün paslanmış raflarda, toz tutmuş kitap kapaklarının altında kaldığı 'kardeşlik' kavramını yeniden yazın ey muahharlar.

Yüzleştirin hayatları...
Zaman, sırtı pek ve hırslı şu son yüzyılda yaşadığımız. Artık gelmeyecek yeni bir asır ve yeni bir müceddid. Mukaddesat, mukadderatı unutturdu. Ey mahşer midillisi! Ey mühteli! Ey mülhit! Hepiniz kulak verin. Yüzleştirin hayatları. Kimisi arkasına bakmaktan korkar, kimisi yarına varmaktan. Söyleyin, kimdir bu eli kanlı zorba?

Yüzleştirin hayatları...
Artık güneşin gülümseyerek doğduğu bir dünya yok. Kimse bize haber vermeyecek ayetleri yapraklara işle-

yerek. Gitti o biri ve gelmedi yerine başka biri. Yıldızlar kaymaya çoktan meyilli. Herkes 'gitme' ve yeni bir 'start' çabasında. Ya bir adım öteye, ya sonsuzluk serüvenine. Mineli fincanların telvelerinde haram muhabbetlerin şahitliği. Ey harap olmuş gönüllerin tabibi!

Vicdanlar sakat kaldı, doğum masasında insanlığın feryadı. Yetiştiremedi kimse vicdanları ve büyümedi sevgi denilen duyguların hassiyatları.

Yüzleştirin hayatları...

Güller soldu, dikenler belirdi. Bahçelerdeki nazenin çiçekler unuttu yemiş vermeyi. Şimdi daha çok anlatıyor siyahlar Kâbe'yi. İnsan, aslını unuttu. Aslolan neslini. Göklere uçtu güvercinler. Hicaz okuyor bülbüller. Bütün mahlukat vahşileşti. Ressamların tuvalinde insanlığın vahşeti. Kabrelerdekiler, Hacc-ı Ekber vakti anıldı. Cumadan cumaya kalpler titredi, eller semaya açıldı.

Save taştı, sema boşaldı. Bedenler, alınlar hummayla şükür etmeye başladı.

Yüzleştirin hayatları...

Kabardı tenler, şişti göbekler. Haram lokmaya alıştı bebekler. Gidişat ürküttü. Meydana gecenin kasveti çöktü. Güneş görmeyen odalar çoğaldı. 'Rahman' zikri sessizce anıldı. 'La ilahe illallah',

İllallah etti şirk, küfür kokan dudaklarda. Minareler kısaldı, binalar gökle yarıştı. Şerefler, karakterler koltuk ile kapıştı. Kimse hatırlamadı gerçekten gülmek neydi? Neydi yaşamanın gayesi? Neydik biz?

Yüzleştirin hayatları...

Yazılar çoğaldı, azimüşşan azaldı. Artık sol yanına

sarılan Kuran'ların yerini, fani mahlukat aldı. 'Asrın sonunda bir asır daha müstebat.' Yüzleşmedi hayatlar. Dünyanın son damlalarını damlattığını, kimse etmedi inkâr. Sen gelmedin, senden sonra gelen düzen gitmedi. Zifaf geceleri ibadet ile bitmedi.

Yüzleştirin hayatları...
Zina, inkâr, riya, hıyanet altın devrini yaşadı. Kalmadı perde arkalarında gizlenen bakireler. Namusun, takvanın yerini aldı bakiyeler. Eşyalara tapıldı, hurafelere sapıldı. İnsanlar vicdanlarıyla tanışmaktan, aynayla yüzleşmekten korktu. İyi insanlar bir avuca sığmadı. Sen gittin, sevgi, bereket, güzel ahlak kalmadı.

Yüzleştirin hayatları...
'Yeryüzüne ne için teşrif ettin? Ne için çabaladın ve ne için gittin?' Sadece bu anlaşılsaydı şu son yüzyılda, sadece bununla uğraşsaydı insanlar, 'Yeryüzü ayaklarımız altına güneşi, başımızın üstüne bulutları sererdi. Gönüller huzura ererdi. Kayboldu insanlık. Yapıştırıldı ilanlar. Reklamlar, anonslar yapıldı. Herkes kayıp diye aradı. Herkes bulunması için çaba gösterdi. Kalbin altındaki perdede kimse aramadı. Peyderpey katılaştı kalpler.'

Yüzleştirin hayatları, mufassalı...
Ne, mutlu bir yaşam için halimiz hal. Ne de iyi bir yaşam için yaşadığımız coğrafyada minvalimiz, minval. Kuş uçsa haberimiz olurken, kıyamet kopsa, umrumuz olmuyor artık.

Yüzleştirin hayâları...
Çehrelere ki, kırık aynalardan bakılıyor. Her yerde 'ben-

lik' hüküm sürüyor. Hasatlar nimet vermiyor, besmelesiz diye nadaslar.

Yüzleştirin yüzleri...

Çoğaldı, ölmedi Ebu Lehep. Gün geçmeden doğdu, çoğaldı binlercesi hep. Toprak, çamura, küfre batan ayaklardan ve günah yükü ile ağırlaşmış bedenleri taşımaktan şikâyetçi.

Ey müreffeh ömrün telaşında, külfeti zerk etmekten korkan refah beden sahibi! Hayat rengini tozpembe sanan perdah kalabalık!

Kulak verin kırgınlığıma, kızgınlığıma. Neydi insanlık? Neydi samimiyet? Boşa çıkıyor 'amin'lerimiz. Kıyam huzur vermiyor. Neydi veçhe? Neydi bütün gövde ile dönmek? Nerede ezel mesruru kahkahalarımız? Ne için bu kadar sakin ve kayıpsızsınız? Kaygı, esef, evhamlar nerede?

Yüzleştirin hayatları...

Kuyular Yusuf'un kalbinde kaldı, kurtlar Eyyüb'ün göğsünde. Ne Âdem olan, topraktan olduğunu hatırladı, ne Âdemoğlu, Âdemoğlu'ndan olduğunu hatırladı. Yükselmedi minarelerden tekbirler ve hatırlanmadı 'tek bir olan kuvvet'. Ölmedi kimse. Yalan yere kılındı hakikat niyetine cenaze namazları. Maskeler çoğaldı, bilançolar arttı. Bakiyeler, vezneler, kara para hesaplar kalpleri kararttı.

Yüzleşmedi hayatlar. Kötüler hüküm sürdü, iyiler mahşerin yolunu. Herkes merakla bekledi bu alametlerin sonunu.

Gelin, yeniden başlayalım hayata. Yeniden şekillendirelim dünyayı. Dünyayı değiştirmeye, kendimizi toparlamaktan başlayalım. Barış için, aşk için, huzur için asalım bayraklar. 'Dağıldık, topla bizi Allah'ım' demek yerine, 'Toplandık, kördüğüm et bizi Allah'ım' diyelim. Kimseye 'ah' etmeyelim. Ne zaman canımız acısa, şu hadis-i şerifi hatırlayalım, "Canı yanan sabretsin. Canı yakan, yanacağı günü beklesin". Sevgi tohumları ekelim gelecek nesillere. Bombaların, tüfeklerin, naraların, feryad-ü figanların yerini Türküler, Kuran sesleri, barış ezgileri alsın. Kimse şikâyetçi olmasın kimseden. Nitekim biz, insanız. Kalbimizde 'merhamet' adlı bir duygu var. Bizden olanın başı ağırsa, bizim kalbimiz titrer, gözümüz dolar. Biz insanız. İnsanlık için, kardeşlik için, birlik için, aynı anda bir kuvvet olup aynı yöne baş verdiğimiz secde için diri tutalım umudumuzu. Kırılmasın, yalnız kalmasın umut çiçeğimiz. Kaybolmasın sevgiden yana neşemiz.

Çabalamayın! Eğer Allah, bir şeyi size nasip etmiş ise, Sizin dışınızdaki herkes ne kadar çabalarsa çabalasın, ne kadar alttan alıp üste bıraksın, üstten alıp altı doldursun, koşsun, boştur! O sizin nasibinizdir bir kere. Başkasının onda hakkı yoktur. Siz de, eğer bir şey olmuyorsa, olmuyordur yani. Nasibin değildir. İmtihanındır. Başkasının nasibidir. Kurcalamanın manası yoktur. Uzatmanın da. Uzaktan uzağa dualar edin. Gönlünüze bir ayna tutun.

Allah'ın Kuran'da vaadidir,

"Kötü kötüye, temiz temize nasip olacaktır."[65]

Eğer şüpheniz yoksa ve iman ediyorsanız Allah'ın vaadine,

Bekleyin. Sabredin.

Yalan yanlış fani flörtler ile yakmayın ebed-i daimi hayatınızı...

---

[65] Nur / 26

Ölüm, Yeni Bölüm Demektir

'Her nefis, ölümü tadacaktır,
Ancak her nefes, ölümün tadına varamayacaktır'.

'En büyük nasihat ölüm, en büyük musibet topraktır.' Ölüm bile nasiptir insanoğluna. Kurtuluştur. Kurtuluşun muştusudur.

Ölümü bilmeden yaşamak, büyük bir felaket olurdu. O yüzden, Allah'ın bize, 'ölüm' gibi bir müjdeyi vermesi de ayrı bir lütuftur. Vezir de ölüyor, rezil de. İkisi de aynı kabre, aynı örtüye bürünüyor. Hakikat işlerinde torpil yok. Hayat çabasında, ekmek kavgasında ya da mutlu yarınlar için verdiğimiz mücadelede hep kaybeden biz, kazanan ölüm olmadı mı? 'Huvelbaki' yazılmadı mı mezar taşlarımıza? Ölüm her şeyi özetlemiyor muydu aslında? Hayat değil, telaşıydı insanı yoran oysa. Tahsiller, işleri büyütmeler, borçlara girmeler, evlenmeler, bir çocuk daha yapmalar, yıpranmalar ve büyük büyük hayaller kurmadık mı?

Ancak ölüm ansızın gelip oturmadı mı hayatımızın orta yerine? Korktuğumuz her şeyi, mutlu olduğumuz her nesneyi unutturdu ölüm. Anladı ki insan, 'Fani olanın her nesnesi fanidir'... Anladı ki, bazı şeyleri erken kavramak, geç kalmamak önemlidir.

Bu kez ahiret telaşı sıkacak ruhumuzu. Çalışmadığımız yerden sorulacak sorular. Gelecek münker, oturacak nekir ve başlayacak sual. En 'çaresiz' diye adlandırdığımız duygulara tarif, şahit olacak kabirler. Dünyada büyük sandığımız bütün dertler unutulacak. 'Göz bebeğim' dediğimiz, üstüne titrediğimiz ve hep onlar için yaşadığımız insanlar bizi unutacaklar. Kalacağız amelimiz ile baş başa. Dimağımızdaki hesaplar kapanıp fani âlemde açık kalan tüm hesaplar yatırılacak masaya. Bitecek imtihan. Yoğun bakım pervazlarında canıyla cebelleşen sevdiklerimizi sabırsızlıkla beklediğimiz kesif saatler ve çıkacak iki kelimelik bir müjdeli haber gibi heyecan basacak kalbimizi. Patlayacak kadar kabaracak ve hızlı atmaya başlayacak göğüs kafeslerimiz. Artık öleceğiz. Her şey başlayacak, rüya bitecek. Bizi vefakâr toprak saracak. Ölüm olacak özetleyen yaşamayı. Ahiret tohumu ekmek için vicdanımızda kaç bin dönümlük tarh vardı. Ama hep araz olan, fani olan kaldı. Pişman olmadığımız şeylere pişman olacak, yapmadıklarımızı yapmak ve yaptıklarımızı yapmamak için dönmek isteyeceğiz geriye. Ama ölümdü. İkisi yoktu. İnsandı, dünyada vakti çoktu. Kaybedecek herkes, kazanacak ölüm. Hakikat penceresinden açılacak perde, başlayacak yeni bölüm.

Ya ölüm olmasaydı?
Ya hep imtihan olsaydık?
Ya adalet olmasaydı?
Ya hep zalim zalim olsaydı, mazlum, mazlum?
Düşün ve de ki,
'İyi ki ölüm var...
İyi ki tartı var...
İyi ki adalet var...
İyi ki Allah var'.

Şikâyet Etme! Şükret!

Sen hiç teşekkür ettin mi Allah'a, imtihan ediyor diye? Allah seni neden sınar bilir misin? Çünkü mahşer günü konuşacak iyi bir amelin olsun diye, azap görme diye. Sen hiç dua ettin mi Allah'a, başkalarında olanı görüp sende olmadığı için. Allah sana bu dünyada her istediğini neden vermez bilir misin? Çünkü mahşer günü, istemeye hakkın olsun diye. Sen hiç şükür ettin mi Allah'a? Seni kötülerle, kötülüklerle karşılaştırdı diye. Allah seni neden kötülerle, kötülüklerle karşılaştırdı bilir misin? Çünkü mahşer günü, iyiliklerle, iyilerle karşılaştırsın diye. Sen hiç çaresiz kaldın mı Allah'a? Neden yalvarttı seni Allah, bilir misin? Çünkü mahşer günü yalvarmayasın diye. Sen hiç yalnız kaldın diye mahcup oldun mu Allah'a? Düşündün mü hiç neden yalnızım diye? Allah seni neden yalnız kıldı bilir misin? Çünkü kulu Muhammed (s.a.v.) de yalnız ve kimsesizdi. O (s.a.v.)'nu en çok O (c.c.) himayesine aldı. Allah seni bu dünyada yalnız kıldı ki, mahşer günü himayesine alsın. Muhammed (s.a.v.)'e dost kılsın. Düşün! Hemen karar verme, şikâyet etme ve sakın olanlara önyargıyla yaklaşma.

'Tevekkül et, tevekkül iyidir. Tevekkül, teşekkürdür.'

İçimdeki Ben

Gecenin bir yarısında, en zulmet saatlerde denk geldik birbirimize ve tanıştık,
Dedim, insan özetle nedir?
Dedi, bir ayağı cennette, bir ayağı cehennemdedir.
Dedim, bu nasıl bir yüktür?
Dedi, korkma ya hu, Allah büyüktür.
Dedim, burası nasıl bir dünyadır?
Dedi, imtihan dolu bir handır.
Dedim, imtihan nedir?
Dedi, varlığın göstergesidir.
Dedim, varlık nedir?
Dedi, yoklukta var olmaktır.
Dedim, yokluk nedir?
Dedi, varlıkta yok olmaktır.
Dedim, hayat neden ibarettir? Nasıldır?
Dedi, bilmeyene zevk ü sefa, bilene külfettir.
Oyunun aslıdır.
Dedim, ne ararız bu diyarda?
Dedi, kendini sır eden kuvveti.
Dedim, vallahi yoruldum.
Dedi, Allah'tandır umudum.
Dedim, aşk nedir?
Dedi, az konuşulan, çok yaşanan inançtır.
Dedim, konuşmak?
Dedi, bolca susmak.
Dedim, her şey bir gün bitecek mi?
Dedi, bitti sandığın yerden başlayacak.

Dedim, şimdi bu gördüğümüz her şey bir gün yok mu olacak?
Dedi, evet.
Dedim, peki bizi kim kurtaracak?
Dedi, Rahman ve Rahim olan ancak.
Dedim, affeder mi?
Dedi, sevdiğine zulmeder mi?
Dedim, çok mu büyük?
Dedi, kalbine sığacak kadar küçük.
Dedim, nasıldır?
Dedi, zalim için Kahhar, zulme uğrayan mazlum için hasıldır.
Dedim, halimiz n'olur?
Dedi, ümit ediyorum ki, hayır olur. Hayrolursa hallolur.
Dedim, cennet?
Dedi, küçük bir nimet.
Dedim, ya cehennem?
Dedi, işte o büyük bir elem.
Dedim, ya büyük nimet?
Dedi, kocaman bir rahmet.
Dedim, bana bir nasihat?
Dedi, kabreler.
Dedim, kabre?
Dedi, ümmet.
Dedim, ümmet?
Dedi, Muhammed.
Dedim, Muhammed?
Dedi, hüzne giriftar.
Dedim, hüzün?
Dedi, lütuf.
Dedim, lütuf?
Dedi, nasip.

Dedim, nasip?
Dedi, gayret.
Dedim, gayret?
Dedi, niyet.
Dedim, niyet?
Dedi, kalp.
Dedim, kalp?
Dedi, vicdan.
Dedim, vicdan?
Dedi, insan.
Dedim, insan?
Dedi, eşref.
Dedim, eşref?
Dedi, şeref.
Dedim, sen kimsin?
Dedi, ben yok.
Dedim, biz kimiz?
Dedi, misafir.
Dedim, neye geldik?
Dedi, doymaya.
Dedim, ya sonra?
Dedi, sorguya.
Dedim, zor mudur?
Dedi, amelin bol mudur?
Dedim, ama...
Dedi, kurcalama.
Dedim, adın ne?
Dedi, fani.
Dedim, yani?
Dedi, huvelbaki.

Gözlerini kapattığı zaman hiçbir şeyi görmediğini iddia eden, karanlığı gördüğünü akıl edemez. Bir musibet ile darmaduman olduğunu, hayatının altüst olduğunu iddia eden, yeniden kendini şekillendirdiğinde, hayatının altını üst ettiğinde neler kazandığını akıl edemez. Bu ikisinin kaderi aynıdır. Olaylara mantık çerçevesinden her kişi, kalp çetelesinden er kişi bakar. Bazı şeylere aklın yetmez. Ruhani değil, Rahmani bakman gerek. Boşuna değil 'Tevekkülden ayrılma, tevekkül iyidir' deyişimiz.

Mevla Görmesek de Güzel Eyler

Sen hiç korktukların başına gelecek diye yorgan altlarında, karanlığı dost edip cebelleştin mi duygularınla? Ben cebelleştim... Sen hiç bir defa daha yaptığın iyilikten pişman oldun mu? Karşındaki bunu anlamadı ya da kötülük ile karşıladı diye? Ben oldum... Sen hiç avazın çıktığı kadar sustun mu? Ben sustum... Başına ağrılar girene kadar, genzin kuruyana, nefesin kesilene kadar ağladın mı? Ben ağladım... Ya da sen hiç, ortada sana mal edilebilecek hiçbir sebep yokken kendini suçlu hissettin mi? Onca mazlumun halini görüp, sanki sen o zulmü yapmışsın gibi. Ben hissettim... Sen hiç, günahlarınla yüzleşirken utandın mı yaptıklarından? Ben utandım... 'Yüzüm kalmadı, yüzüne bakmaya' dedin mi? Ben dedim... Sen hiç ansızın dolduk yerde, 'Yaşadığımız coğrafya, soluduğumuz hava, kazanmak için birçok şeyi kaybettiğimiz bu dünya, çok boş bir yer' diye söylendin mi? Ben söylendim... Sen hiç gecenin karanlığında semaya bakıp kayan yıldızları ibret aldın mı? 'Ne kadar güzel görünsen de bir gün yok olacaksın' diyerek. Ben aldım... Senin hiç, bir seccade başında ıslandı mı gözlerin? Benim ıslandı. Ve gözyaşların düşüp seccadeye, karıştı mı odanın sessizliğine? Benim karıştı... Senin hiç 'Allah'ım ne olur bu aramızda bir sır olarak kalsın, mahşerde dahi serme önüme' diyecek bir sırrın var mı? Benim var... Senin hiç yıllardan beri durmadan ettiğin duan oldu mu? 'Allah'ım, biliyorsun meseleyi, amin' dediğin? Benim oldu... Senin hiç kendini anlamadığın zamanların kaldı mı? Benim kaldı...

Ve ne anladım biliyor musun bunca şeyden?

Allah, insanı korktuklarından emin kılar.

Allah, hiçbir iyiliği zayi etmez.

Allah, akıttığın her gözyaşına sebep olanlardan, her katrenin hesabını sorar.

Allah, zalim olanı zulüm ile, mazlum olanı cennet zümresi ile karşılaştıracak.

Allah, yaptığından utananı, mahkeme-i kübrada utandırmayacak.

Allah, ibret alanı, ibretlik etmeyecek.

Allah, seccadeye damlayan bütün gözyaşlarına şahitlik edecek.

Allah, sırrı sır olanı ifşa etmeyecek.

Allah, duanın vaktinde murad edileni verecek.

Allah, sana anlamsız gelen her şeye, bir nokta ile anlam verecek.

Sadece sabret ve bekle!

Bilgenin de dediği gibi,

"Mevlâ görelim neyler, neylerse güzel eyler..."

Büyüyorsunuz Demektir

Hayat kelimesinin ne demek olduğunu öğrendiyseniz. Küçük bir yüreğin, dünyadaki bütün sıkıntılara muktedir olduğunu yaşayarak gördüyseniz, yaşamayı ciddiyetle seçtiyseniz, büyüyorsunuz demektir.

Gülmeden önce ağlamayı yaşadıysanız, babasız kaldıysanız, omuzlarınıza günahın değil de sorumluluğun yükünü aldıysanız, büyüyorsunuz demektir.

Ekmek kavgasıyla dünyaya sataştıysanız, Kalabalıklar içinde zerre 'ben' olamadıysanız, içinize sığamadıysanız, kendinizden kaçtıysanız, büyüyorsunuz demektir.

Direndiyseniz 'olacak' diye, dişinizi sıkıp sebat ettiyseniz, gördüklerinizle değil de yaşadıklarınızla olgunlaştıysanız, büyüyorsunuz demektir.

Kendinizle yüzleştiyseniz, bir şeylerin bu hayatta hep 'eksik' ya da hep 'fazla' olduğunu anladıysanız, annesiz kaldıysanız, ayakta duracak takatiniz kalmadığında, tutacak bir ele ihtiyacınız olduğunda, sol elinizle sağ elinizi tutup, 'korkma ben varım' dediyseniz kendi kendinize ve yalnız kaldıysanız, büyüyorsunuz demektir.

Olan bitenlerden habersiz kendi dünyanızda yaşamayı, geçmişi unutmayıp, hatırlamanın bir unutmaktan geçtiğini, geçmişe ihanet olduğunu bildiyseniz, her yaşamın bir de gerçek bir ölüm denilen başlangıcı getireceğine inanıyorsanız, büyüyorsunuz demektir.

İçinizin sıcaklığının dışınızdaki soğuk insanlardan kaynaklandığını anladıysanız, oturup kendi kendinize sıcak bir çay ikram edip kendi derdinizi kendinizle paylaştıysanız, merak etmeyin, yavaş yavaş büyüyorsunuz demektir.

Ölüm sizi beklerken, sizin bir başkasını beklemenizin ne kadar imkânsız olduğunu, metruk durakların mecruh maziye ayna olup tuz serptiğini, dönmeyeceğini bile bile beklemenin, 'aşka sadakat'i gösterdiğini bildiyseniz, büyüyorsunuz demektir.

Aksak ve vakur bir edayla, hayatın merdivenlerini tırmalaya tırmalaya, eti tırnaktan çekercesine acıyla ve inatla çıkıyorsanız, her çıkışta hayatın merdiven boşluğuna düşüp şehrin loşluğunda sabrediyorsanız, 'illa yaşamak için doğulmaz, biraz da ölmek için yaşamak gerek' diyorsanız, büyüyorsunuz demektir.

Yalnız bir adaya düşüp yanınıza üç şey değil de, tek şey almak ve o alacağınız şeyin sadece 'siz, kendiniz' olmasını istiyor ve sadece, 'Gidenleri, kalanları, sevenleri, bekleyenleri, beklenenleri, bir de hiç gelmeyenleri' kendinizle götüreceğinizi idrak edebiliyorsanız, büyüyorsunuz demektir.

En büyük küçüklüğü büyümekle yaptığınızı, büyümenin gün geçtikçe küçülmek olduğunu hissediyorsanız, yeni yeni hayattan tat almak istiyorsanız, 'Aynadaki eski ben' diye yüzünüzden geçen keder çizgilerini geçmişe bir yol olarak görüyorsanız, büyüyorsunuz demektir.

Yalnızlıktan içinizin kuruduğunu, bir yudum suyun bir çift kelam olmasını istiyorsanız, dizlerinizin takatsiz kaldığını, aklınızın kalbinizdeki zelzeleden ezildiğini tahmin edebiliyorsanız, hayata yeniden başlamayı ve kendinizi hayatın kollarına bırakmayı diliyorsanız, kusura bakmayın ama,

'Yaşlanıyorsunuz demektir'.

Alnımızda Asr Damgası

'Doluyuz ciğerlerimize kadar.'

Acıyla... Hüzünle... Aşkla... Zararın neresinden dönersek dönelim, zarar ediyoruz bir önceki güne göre. Kaldırmıyor artık kaldırım taşları bunca ağır vebali. Ne söylesek, söze düşer gibi değil. Cümleye varmıyor sustuklarımız. Acılarımızı anlatacak bir lisan, toparlayıp cümle yapacağımız bir alfabe yok. 'Otuzuncu harfiz biz'. Konuşulmayan, dile gelmeyen. 'Yaşama' gibi bir borcumuz var. Yoksa o olmasa, ölmek için kalp atıyoruz. Şunu aklınızdan çıkarmayın! Bir insana kendinizi ilk nasıl tanıttıysanız, hep öyle kalacaksınız aklında. Kötü tanıttıysanız, ne kadar iyilik yaparsanız yapın, hep kötü olarak. İyi tanıttıysanız, ne kadar kötülük yaparsanız yapın, hep iyi olarak kalırsınız. Elbette ki kimsenin gücü yetmez yaşadığı hayatı değiştirmeye. Ama kendini değiştirmeye herkesin gücü yeter. Çünkü hayat, İnsanın kendinden ibarettir. Yorgunuz, bir adım öteye varamayacak kadar. Sevgisiziz, birilerine güvenip yarı yolda kalmaktan korkacak kadar. Susuyoruz. Biliyoruz ki, 'Susmak, konuşmaktan daha efdaldir'. Yıkılmıyoruz. İman ediyoruz ki, "Allah sabredenlerle beraberdir".

Yüzümüze ne kadar kapanırsa kapansın kapılar, bir umut bekliyoruz eşiğinde 'açılacak' diye. Arkamızdan ne kadar konuşulursa konuşulsun, ne kadar yargılanırsak yargılanalım, yine de boş verip devam ediyoruz hayatımıza yanımızdakilerle. 'Kim nasıl biliyorsa bilsin, hiçbir önemi yok. Allah bilsin yeter' diyoruz. Alnımızda 'asr' damgası, gönlümüzde 'inşirah' damlası, kıyamete doğru gidiyoruz. Fani olan bütün işlerden el ayak çekip bir 'meczup' gibi O'nu arıyoruz. O'nu anıyoruz. Korktuğumuz şey şu, 'Aradığımız kuvvetin içinde kendimizi kaybetmek'. Ama unuttuğumuz bir şey var, 'İnsan, aradığı her ne ise, ona vardığında kendinden eser kalmamalı. Kalmamalı ki, O aradığı şey de o olsun. Kendini aşkta kaybetmediysen, yenilmişsin demektir. Bir şey kazanmamışsındır demektir.

Ve Aşk...

En büyük hakikat aşktır. Aşk Hakk'sa eğer, sevip sevilirken, kimsenin Hakkını almamaktır. İki minare arasında Allah'ı bulmaktır. Aşk, bütün sayıları çıkarıp, bire inanmaktır. Aşk bu, verem de eder, Kerem de. Züleyha da eder, Aişe de. Aşk, başlar, iyi gider, kısa sürer. Biri Allah'a emanet, öteki Allah'a şikâyet. Aşk, gayret işidir. Yürek işidir. Sen seversen 'imtihan', O da severse 'nasip' olur... Aşk, başka bir âlemdir, bütün her şeyi içinde kapsayan. Âşık olmak kolay, peki ya sen aşk olabilir misin? Aşk, güzel görünür. Tıpkı çağlayan denizler gibi. Rengine kanıp düşersin içine. Boğulmak da var, ferahlamak da. Bu içine dalana kalmış bir şey. Aşk işinde usta isen eğer, daha çok atarsın hamlığını üstünden. Basamaktır aşk. Her adımı Allah'a götüren. Aşk bir kelebeğin, görkemine aldanıp sıcaklığını, ateşini görmeden içine düştüğü, yanıp kül olduğu lamba gibidir belki de. Bütün yaratılmışları arkasında bırakıp tek bir mucizeye diz çökmek aşktandır. Bir kaplumbağanın bir kelebeği sevmesi, bir kuşun bir balığa gönül vermesi aşktandır.

'Eşinize mehir olarak, göz değmemiş gözlerinizi verin.'

Kelam-ı Kibar

***

Dil 'ah' dedikçe, yürek 'Allah' der.

***

'Kalbinize bir mahkeme kurun!
Ve tokmağı, vicdanınız olsun!'

***

Allah'ın olmadığı bir yer bulursanız,
O zaman hayatınızı dilediğiniz gibi yaşayabilirsiniz.

***

Koltuk için çabaladığınız kadar,
Kulluk için de çabalayın.

***

Haklı yerde susmak insanın içini öldürür,
Konuşmak ise karşıdakini.

***

Mana, ağızdan çıkan değil, yürekten gelen sözdedir.

***

Dili, dini, ırkı ne olursa olsun,
Aynı safta yer alıyorsak, aynı kuvvete inanıyorsak, konu kapanmıştır.

***

Erkeğin namusu,
'Kalbi'dir.

***

Dünü pişmanlıkla, bugünü sarhoşlukla,
Yarını, yarına yetişmek ümidi ile geçiriyorsun.
Ama unutma! Üç günlük dünyada yaşıyorsun.

***

Sevdiğin herkes kanatlanıp, kuş olup giderken,
Sen, ağaç olup kök sal.

***

İki ezan arasında Allah'ı bulmaktır mağrifet.
Yoksa sela zaten verilecek.

***

İlerlemekten korkma!
Koşmak değil, durmak yorar insanı.

***

Elindekini kaybettiysen,
Ya elindeyken kazanamadığından,
Ya da daha iyisini kazandığındandır.

***

Allah için sevdiğin kadar,
Allah için vazgeçtiğin de oldu mu?

***

Şu dört kuralı hiç unutma,
Bir, Allah seninle beraberdir.
İki, dünya imtihan yeridir.
Üç, imtihan çok zor bir şeydir.
Dört, ikinci ve üçüncü kuralda, birinci kural önemlidir.

***

İnsan, bükemediği eli değil,
Bükebildiği eli öpüyorsa insandır.

***

Ne derler, 'Beş parmağın beşi de aynı değildir'.
Ama, 'Beşini de yöneten tek bir kuvvettir' demezler.

***

Herkes bildiğini okurken,
Sen, bir olanı oku.

***

Bizim için ayrım, 'saf' içindir.
Gençler arkaya, yaşlılar öne.

***

Hayata bakış için cinsiyet değil, ciddiyet önemlidir.

***

Tanıdığını sandığın insanlara olan güvenin yitirdiysen,
Değer verdiğin insanlardan aynı değeri görmediysen,
Gün geçtikçe Allah'a muhabbetin artıyor ve
şükrediyorsan,
Merak etme, doğru yoldasın.

***

Başını yastığa koyduğun anda,
Bir müziğin nakaratına daldığın anda,
Sana külfet olan her ne varsa,
Bil ki o senin imtihanındır.

***

Eğer ölmekten korkuyorsan,
Yaşarken bir şeyden korkmadığındandır.

***

Yapmayın!
Allah'ın olduğu kalpte,
Kul'a yer ayırmayın.

***

Gönül isterdi ki,
Neyse...
Allah gönlümün istemediklerini de biliyor.

***

Bazı insanlar değişmez bunu anlayın!
Onları değiştirmek yerine, kabullenmek için çabalayın.

***

Çırak ol yeter bu hayatta. Bakarsan herkes ustadır,
İyiliği kötüden, mertliği namertten,

Edebi edepsizden, merhameti zalimden,
Sadık olmayı vefa bilmeyenden,
Ölmeyi yaşamaktan öğrenirsin.

***

Üç günlük dünyayı kelebek gibi yaşamanın gayesi ne?
Sen insansın. Kendine gelsene!

***

Niyet önemlidir,
İmkânsız ve ümitsiz bir işe 'Bismillah' deyip girersen,
Yol olur, ferman olur, hayırlısı ile nasip olur.

***

Bir gün gireceğiniz sınav için kopya almak istiyorsanız,
Kabreleri bolca ziyaret edin.

***

Velhasıl,
Halktan ayrılmadan, Hakk'a olamazsın vasıl.

***

Her şeyin fazlasını değil, her şeyin hayırlısını isteyin.

***

O Allah ki, yeryüzünün en vahşi olanının bile rızkını verirken,
Sen nasıl telaşa düşersin, O rızkına kefilken?

***

Her şeye bir zaman bırak, ama zamana hiçbir şey bırakma.

***

Tövbe et bir günah işlediğinde.
Çünkü insan yemekten değil, sindirememekten boğulur.

***

Dünyadaki hiçbir ses, insanın 'vicdanının sesi' kadar rahatlık vermez!

***

Ateş olmasaydı suyun kıymeti,
Yokluk olmasaydı varlığın kıymeti,
İmtihan olmasaydı hayatın kıymeti bilinmezdi.
Şükredin! Nankörlük etmeyin!

***

Günah insanı ağırlaştırır ve bu yük tövbe ile erir.
Sıratın kılıçtan keskin, kıldan ince oluşuna şaşıracağına,
Bir tövbenin insanı nasıl hafifleştirdiğine şaşır.
Çünkü insan tövbe ile karşıya, Rabbine ulaşır...

***

Mümine öfkelenmek değil,
Öfke yenmek yakışır...

***

Omzuna koyacak bir baş yoksa,
Başını koyacak bir seccaden olsun.

***

Çabalamayın! Bütün hesaplar boş.
'Her kul, kaderini yaşar.'

***

Allah'ın adalet tartısında torpil yok!
Kim ne kadar can yaktıysa, o kadar canı yanacak.
Kim ne kadar merhamet ettiyse, o kadar merhamet edilecek...

***

Üç günlük dünya,
Kimseyi kırma, incitme ve yaptıklarından pişman olma.

***

Bırakın insanların içi ile dışı bir olmasın!
Çünkü kimi surete, bakar kimi sirete...

***

Marifet,
Bakarken, iki gözün altındaki perdeye ulaşmaktır.

***

Önyargılarınızı yıkın!
Narı güzel gösteren kabuğu değil, 'içi'dir.

***

Güvendiğin dağlara kar yağıyorsa,
Bu karın değil, senin suçundur!

***

Sizi cennete götürecek ahiretlik eşi sokaklarda aramayın.
Bulamazsınız!
Çünkü sokakların sahibi şeytandır.

***

İnce düşünen insanları incitmeyin.
Onlar zaten ince düşünürken yeterince inciniyorlar.

***

Kimsenin ahı kimseye kalmıyor,
Dil ile incittiğini, vicdan ile ödüyorsun.

***

Acılar bitmez ama ömür biter.
Sabredin!
Şunun şurasında ölüme ne kaldı?

***

Ölmek için değil, olmak için varız bu dünyada,
İnsan olmak.
Toprak olmak.
İmtihan olmak gibi...

***

Hiçiz...

Halkın,
İçinden,
Çık!
Hakk'a varmak için...

"Sen benim bu âlemde
ünümü duymadın mı hiç?
Ben bir hiçim, hiç!"
Hz. Mevlana...

'La!' dedi,
'İlla!' dedim.
'Vay' dedi,
'Hayy' dedim.
'Hayat' dedi,
'Yolcuyuz' dedim.
'Ömür' dedi,
'Ölümün başlangıcı' dedim.
'Ölüm' dedi,
'Ömrün başlangıcı' dedim.
'Hayat' dedi,
'Yolcuyuz' dedim.
'Dünya' dedi,
'Eğlence' dedim.
'Zor' dedi,
'Yekûn' dedim.
'Aşk' dedi,

'Sükût' dedim.
'Yar' dedi,
'Nar' dedim.
'Kalp' dedi,
'Yük' dedim.
'Yürek' dedi,
'Vefa' dedim.
'Şifa' dedi,
'Şafii' dedim.
'İbret' dedi,
'Ayna' dedim.
'Yalnızlık' dedi,
'Secdesiz' dedim.
'Zulüm' dedi,
'Sabır' dedim.
'Karanlık' dedi,
'Yanıyoruz' dedim.
'Aydınlık' dedi,
'Kokuyoruz' dedim.
'İnsan' dedi,
'Eşref-i mahluk' dedim.
'İhsan' dedi,
'Vicdan' dedim.
'Tevekkül' dedi,
'Teslimiyet' dedim.
'Tefekkür' dedi,
'İnziva' dedim.
'Teeddüp' dedi,
'Tesettür' dedim.
'Teessür' dedi,
'İmtihan' dedim.
'Edep' dedi,

'Karakter' dedim.
'Tasavvuf' dedi,
'İçimdedir' dedim.
'Kimsin?' dedi,
'Biz' dedim.
'Siz kimsiniz?' dedi,
'Her şeyiz' dedim.
'Her şey ne?' dedi,
'Koca bir H i ç!' dedim...

Hayat Dediğin Nedir ki Hafız?

Hayat dediğin nedir ki hafız? İki nefes arası, 'HasbünAllah' nidası, tebessümlerin arafında, dünyaya 'Hoşça kal' vedası. Ya da arşın rahmini yırtan minarede, bir perşembe selası... Hayat dediğin nedir ki hafız?

Aşk dediğin nedir ki hafız? Bana aşkı soruyorsun,

'Halim, halin olsun!' Ve o zaman sen sus ki, sorana sükûtun konuşsun. Bana aşkı soruyorsun, 'Ayıp ediyorsun!'

Mahremime giriyorsun, 'ifşa et' diyorsun...

Ne yaparsak yapalım, nasıl yazarsak yazalım, mümkünü ve izahı yoktur aşkın. Aşk, başlı başına bir gezegendir. Bu yüzden, 'aşk' yerine, 'Aşkın Kahramanları Meclisi'ne girdik' Hu!' diye... Ama biliriz yine de, yaşamayanlar ahmak, kayıp içinde... Yaşayanlar gayb, sırlar ehlinde... Aşkı yazanlar uykusuz kalem âleminde...

Aşk, tercih meselesi, tercan meselesi değil. Aşk terce anıdır... Aşk, telafisi olmayan bir sızıdır. Aşk bazen bir dava, bazen de binbir derde devadır...

'Rızk değil... Nimettir Aşk!'

Zaman aynı, insanlar kötüydü. Yeni yeni icatlar, yeni duygular, düşünceler, yeni yaşam alanları, eşyalar bütün değerleri alıp götürmüştü üzerimizden. Sevgiye, aşka kıymet yoktu. Ve biz 'sevip sevip dillere düşenler' değil!

'Sevip, sevilmeyip dillerden düşenlerdik...'

Düşmüştük bir kere. Kuş olup kanat çırpmak isterken gökyüzünde, bir kum tanesi olup savruluyorduk sevda yellerinde...

'Geçsin Artık ya Hu! Yalvarırım geçsin' diye kefaret is-

terken günahlarımıza,
'Geçti! Bu da geçti ya Hu!' diye şifa bulurduk imtihanlarımıza...
Hayat dediğin nedir ki hafız?
'Sen, haberdar et Hakk'ı yarandan,
Derman, dert olandadır, eğer derdin ise Yaradan...
İnsan, Mecnun olmalı yaradan,
Yara'dan Mecnun olandan,
Memnun olur Yaradan...

Aforizmalar

***

Ben aşkın içinde çok dolandım, çok yandım ve çok kandım.
Nihayet aradığımı buldum. Aşkı yaşatana değil, yaşattırana âşık oldum.
Ben, aşkla Allah'ı buldum.

***

Adalet, kalbin temelidir,
Enaniyet, zelzelesi.

***

Sarmıyor azizim sarmıyor!
İnsanı topraktan gayrı vefa ile kimse sarmıyor.

***

Dünya var oldukça,
İnsanlık yok olacaktır.

***

'Ölmek' desen, herkes ölür.
'Yaşamak dediğin çok ciddi bir şey olmalı' derken,
Şaka yapmıyorduk biz.

***

Yoktan var olduğunu bilen ben,
Vardan yok olacağımı biliyorum.
Öyleyse varlığım, var edenin varlığına kurban olsun.

***

Artık beşerler eskisi gibi değil,
Bugün her beşerde ayrı bir şer var.

***

Bizde, her zaman geleceğe dair bir umut var.
Çünkü, Rahman ve Rahim olan Allah yar.

***

'Bir gün ölmek için her gün yaşıyoruz' diyenler,
Bilakis, ebediyen yaşamak için bir gün öleceğiz.
Çünkü ölüm, üstadın dediği gibi,
Tek nokta değil, üç noktadır.

***

Namaz, sıratın garantisidir.

***

Yüreğinde 'Allah' var diye,
Girmeye cesaret edilmeyen kalpler var.

***

Yok olmak istiyorum ey dost!
Anlıyor musun?
Allah'ın varlığında yok olmak, hiç olmak.

***

'Özgürüm' diyebileceğin tek an,
Seccadende, ellerin semada,
Cenab-ı Hak'tan istediğin ve dilediğin andır.

***

Bizim ümmet adına bir yaramız var ki,
'Altıyüzotuziki' yılından beri kanar durur.

***

Ölümden korkma! Ölüden korkma!
Sen asıl yaşarken vaktini beşe ayıranlar yerine,
Boşa ayıranlardan kork!

***

Allah ile aranda dünyadan başka engel yoktur.

***

Ne mutlu!
Günde beş defa sevgiliyi meşgul edenlere.

***

Hiçbir şeyi benden eksik etmeyen sana hamd-u senalar,
Her şeyini senden eksik eden bana, yazıklar olsun.

***

Ki dünya, O'nun için var olmuştur.
Eğer ki O (s.a.v.) bile, bunca hüzün ve çile içinde
yaşamını yitirdiyse,
Kimse bana mutluluktan bahsetmesin efendim.

***

Galiba biz Hz. Yusuf'un hikâyesini tersten okuduk,
Belki bu yüzdendir, dünyaya bu kadar bağlılığımız.

***

Sen sevgiliyi maddede ararsan,
Manayı yitirirsin.

***

İnanan bir toplum için namaz,
'Cennetin fragmanıdır'.

***

Mahşerde hesap incedir,
İncinmediği yerden yakar bedeni.

***

Bak gelip geçiyor zaman,
Sıratta tökezleyip demeden aman,
Kaldır da başını arşın üstüne,
Uyan ey kardeşim, uykudan uyan.

***

Bizde yükseklik korkusu var,
Kibirlenemeyiz.

***

Müminler arasındaki tek rekabet,
'Ön saf' için olmalıdır.

***

İmkânınız yoksa,
Bir sonraki kurban bayramında,
Nefsinizi kurban edin.

***

Vay haline içinde Allah aşkı taşımayanların,
Vay haline, ömrünü dünya meşgalesi ile çalkalayanların.

***

Dua edin de,
Bu dünyada susanlar, mahşer günü konuşmasın.

***

Yaşamazsan gençliğinde dinini,
Yaşayamazsın ahrette müreffeh ebediliğini.

***

İslamiyet ummandır.
Bir katre alırsan, âlim olursun, içine dalarsan boğulursun.
Almaya bak, dalmaya değil.

***

İnsanın canını, en çok sevdiği yakarmış.
Bu yüzden diyorum ya,
'Benden hüznü, kederi eksik etmeyen Allah'a hamdolsun'.

***

Geceyi karartan günahtır,
Gündüzü aydınlatan rahmet.

***

Ayna, en büyük ibrettir insana.

***

Zikir ehli olmayan, 'yaşıyorum' demesin.

***

Nefis görünen her şey, nefstendir.

***

Her şey nasiptir.
Karıncanın sırtındaki de, kuşun gagasındaki de,
İnsanın kaderindeki de.
***
Mademki minareler kalem, ummanlar mürekkep ve yeryüzü senet.
Ey nefsim! Sen de sıradaki sela ile mahşerinin provasını seyret.
***
Kendime geldiğimde yirmi üç yaşındaydım.
Ve kendimi 'Ya Rabbi ben pişmanım' diye,
Üç kelimelik bir cümle ile tanıdım.
***
Gönlüm için mevsim, hep vakt-i hazan,
Ama ne zaman değse kulaklarıma içimi ferahlatır
Muhammedi ezan.
***
İslam dininin 'hüzünle' dolu olduğu,
Kâbe'nin siyah örtüsünden aşikâr olmamış mıydı?
***
Dervişlik hırkasını giyen,
Ermişlik postuna hazır olsun.
***
Bütün dillerde konuşmayı öğrendik,
Ama 'insanca' konuşmayı beceremedik.
***
Mescitler, dünyaya tepki olarak toplu direnişin salonudur.
***
Her şey vaktiyle olur,
Dua ısrar edince,
Nasip hak edince,

Ölüm, sırası gelince...

***

Her zorluğun ardından ferahlatan,
'Kadere iman' diye bir cümle var.
Allah onu sana nasip etsin.

***

Dünya kaldıramayana bir yüktür,
Ama Allah, Bütün yüklerden büyüktür.

***

Biz, 'Tanrı uludur' seslerini ardımızda bırakıp geldik bugünlere,
Bundandır bu dine bağlılığımız.

***

Herkesin susmak için farklı bir yorumu vardır,
Kimi korkudan...
Kimi kırmaktan...
Kimi edepten...
Kimi karşısındaki cahilden...

***

Sen Allah'tan korkarsan,
Hiçbir şey korkutmaz seni.

***

İnsanoğlunun kullanma kılavuzu Kuran-ı Kerim,
Garanti belgesi, namazdır!

***

İnsan, değer verdiği bir şeyi unutuyorsa,
Yerine en az onun kadar değerli bir şey geldiğinden unutur.
Peki sen, Allah'ı neye değer verdiğin için unuttun?

***

Biz, kabreleri, şehirlerin en güzel manzaralı yerleri ile ağırladık.

Ümit ediyoruz ki, Allah da kabirdekileri en güzel yerler
ile ağırlar.

***

İnsan, şerefi için yaşar,
Ve her insan, Şerefine yakışanı yapar.

***

Şimdi Rabbin verdiklerine bakıyorum da,
'Ne az şey istiyorsun bizden Allah'ım' diyorum.

***

Kış gelir, yazı düşleyip ısınırız. Çünkü biz insanız.
Yaz gelir, kışı düşleyip üşürüz. Çünkü biz nankörüz...

***

Tasavvuf: İnsanın kalbidir. Kal işi değil, hal işidir.
Tasavvuf, âlemdir, diğer âlemlerden öte.
Tasavvuf: Gaibin kapısıdır. O kapıdan giren gaibi görür.
Görmektir tasavvuf, görülmeyenleri.
Bilmektir, bilinmeyen her ne varsa.
Yaşamaktır dünyanın dışında, kendi içinde,
Yaşatmaktır baki olanı...

***

Her anım, her saniyem Hakk'tan bekler ölmek için
lebbeyki,
Çünkü gözlerim bu âlemde nereye baksa, 'Huvelbaki'...

***

Bayramların eski tadı vermemesi,
Eski tadımızın kalmamasındandır.

***

'Bayram' diye adlandırdığımız neşesi kalmayan
bugünler,
632 yılından sonra tedavülden kaldırılmalıydı.

***

Beden hayattan soğuduğu vakit,

Allah'a sıcaklık başlar.

***

Konuşmak anlaşılmak için,
Susmak, anlaşmak içindir...

***

Her şey biriktirdikçe artarken,
İnsan, biriktirdikçe azalır...

***

Eğer bir yük ağırlaştırıldıkça kuvvetleniyorsa, bu 'imtihan'dır.
Ve eğer bir şey yüklenildikçe dik duruyorsa, bu da 'insan'dır...

***

Sen Âdem'sin ve âlem sensin...

***

Neden mi hâlâ umudumuz var?
Çünkü onların 'of' dediği zamanlarda biz 'af' dedik,
Onların imtihanı isyanla, bizim imtihanımız nisyanla geçti...

***

Teneşirler de Allah'ın bir sanatıdır,
O gün geldiğinde, sanat için soyunursunuz.

***

Allah'ın nezdinde değerim 'hiçbir şey' kadar olsa kâfi gelir bana.
Çünkü O'nun makamında 'hiçbir şey' olmak bile çok şey olmak demektir.

***

Resul-i Ekrem bunaldığında, Mekke'den Medine'ye göçerdi.
Ümmeti bunaldığında nereye göçmeli Allah'ım?

***

Ayrılık nedir bilir misin?
'İnsanın, vicdanından, Rabbinden uzak kalmasıdır.
Hiçbir dünya telaşına değişilemez Allah sevgisi,
O'ndan ötesine meyletmek, ahmaklıktır.'

***

Elini vicdanına koy, başını secdeye.
Çünkü huzurunda diz çökmek,
Vicdandaki huzursuzluktandır.

***

Biz ölümü değil, ölümsüzlüğü isteriz.
Çünkü bir gün, ölüm de ölecek biliriz.

***

İnsan istiyor ki her dediği onaylansın. Her istediği hallolsun.
Ben istiyorum ki...
Neyse, benim yüzüm kızarır istemeye.
İstediklerimi de, istemediklerimi de en iyi bilen sensin Rabbim.
Tasam yok. Tevekküldeyim.

***

Anlatamadığım her şeye, kaldıramadığım her yüke,
Bir cümlelik huzur yetiyor,
'Hasbünallah ve Ni'mel vekil'.

***

İnsanları sevin,
Allahtan korkun.
Dünya kimseye kalmıyor.

***

Bir şey sizi çok yoruyorsa, üstesinden gelemiyorsanız,
Kaldıramayacağınızı düşünüyorsanız,
O'nu Allah'a bırakın.

***

Tercih şansı ne zaman bana bırakılsa, yanıldım.
Ben de her şeyi Allah'a bıraktım.

***

Nihayetinde, hepimiz 'bir varmış, bir yokmuş' olacağız.
Mesele, varken yok olmakta.

***

Baktığımız her şeyde ve her yerde olmasına rağmen,
En az hatırlanandır 'Allah!'

***

Fani olana diz çöktüğünde küçülürken,
Baki olana diz çöktüğünde yükseliyorsan,
Bu da İslam'ın bir güzelliğidir.

***

Bir beldede Allah unutulursa eğer,
Kendini hatırlatması çok kötüye mal olur.

***

Kendinize günlük değil, saatlik, hatta dakikalık cümleler tutun.
Mesela, gözetleyici olarak Allah vardır.

***

Külfetten kimse ölmez.
Abartmayın!
İyisiyle, kötüsüyle zaman geçiyor işte.
İçinde bulunduğunuz demin şükrünü yaşayın.

***

Çevrenize bakıp halinize şükredecek tek bir şey bulabiliyorsanız,
'Kötüyüm' demek haddinize düşmez.

***

Müslüman için hüzün hiç bitmeyecek. Ölene kadar hüzünle akraba bağı olacak.
Hiçbir şey olmasa bile, Resulullah'ın yokluğu yetecek

Müslümana.

***

Müslüman,
Yaptığı her işte, baktığı her yerde Allah'ın olduğu inancını düstur edinirse kendine,
Edep de olur, hayâ da olur. Olmaz sandıkları da olur...

***

Bir genç kızın en güzel çeyizi, edebi, iffetidir.

***

Cahillik okumakla biterken,
Ariflik, anlamakla başlıyor.

***

'Neyse ki Allah var' demişim refah bir zaman içinde,
Sefaletteyim. Sözüm hâlâ aynı.

***

Bir göz, bir defa Kuran'a bakmayı nasiplenmişse, haramdır ona fani ve çirkin şeylere bakmak...

***

İlla ayet mi inmeliydi yani,
'Aşırılığın dozunu tutturamamanın felaket olduğunu bilmeniz için!'

***

Süratle gittiğimiz her şeyin sonu kazaya ve kötüye mal oluyor bize.
Biz 'imtihan' diyoruz, hakikat 'ihmal'.

***

Madem adı 'imtihan'dır ve madem cana misafirdir.
Geleceği varsa, bizde de şükür ki sabredecek iman vardır.

***

Hz. Süleyman hayvanların dilinden bile anlarken,
Biz birbirimizi anlayamıyoruz her şey bu kadar açıkken.

***

Sağ elim ile sol gözümü kapattım.
Elim olduğu için mi, gözüm gördüğü için mi şükretsem bilemedim.

***

Ben neyi aradıysam bu hayatta, hep benden kaçtı.
Fark ettim ki sonradan, ben bir şeyleri ararken tek bir kuvvet de beni arıyordu.
Aradığım benden kaçarken, ben de beni arayandan kaçıyormuşum.

***

'Karıncanın sırtına, kendi ağırlığının üç mislini verip kuvvetlendiren Allah,
Senin sırtına kaldıramayacağın yükü verip kederlendirmez.
Tasalanma!'

***

Bir şeyler yolunda gitmediğinde,
'Vardır Allah'ın bir bildiği' demek yerine,
'Vardır kulun bir bilmediği' demek daha yeğdir.

***

Gençleri muhafaza edin, yoksa müdafaa edemezsiniz.

***

İmtihan bu ya,
Kimi 'la' der, 'ah' çeker,
Kimi 'illa' der, 'Allah' çeker.

***

Dala yaprak ağırlık yapınca,
Allah dalı hafifletmek için yaprağı düşürürken,
Sana ağır gelen yükü bırakır mı zannedersin?

***

Ben her şeyin 'hayırlısı'nı istedim Allah'tan,

Ve bana her şeyin zor olanı geldi.
Her şeyin 'hayırlısı', her işin zor olanıymış...

***

Kendine gelmek istiyorsan,
Kendinden geçmelisin.

***

Sen her şeyi Allah'a bırakırsan,
Allah seni hiçbir zaman yalnız bırakmaz!

***

Dualarımın muhatabı Allah'tır.
Kefili ise, "Kün fe yekün" ayeti.

***

Beni Allah'a götürmeyen aşkın,
Nereye götürdüğünün pek de önemi yok.

***

Derde tahammül edecek sabrı yarattığı için,
Allah'a hamdolsun.

***

Ömrünce kahkaha atmayan bir peygamberin ümmeti olarak,
Mutlu yaşama lüksünü kendimde görmüyorum.

***

Bir dilek hakkım daha olsa Allah'tan,
'Özür dilemek' olurdu.

***

Sonra döndüm ve dedim ki kendime,
'Pişman öleceksin'.

***

Sıkıca tembihledim kendime,
Allah kaybedenlerle beraberdir.

***

Allah'ı kaybedenin bulacağı tek şey, beladır.

***

"Allah'a giden yollar çoktur, ben aşkı seçtim" diyor
Mevlana.
Ben de diyorum ki,
'Aşka giden yollar çoktur, ben Allah'ı seçtim'.

***

İyi ki doğdun ey ölüm.

***

Ezan, uzanıldığında toparlanılsın diye değil,
Müslüman dağıldığında, toplansın diye okunur.

***

Dediler ki burası dünya,
Burada dert var, burada tasa.
Dedim ki, 'Allah var, gam yok'.

***

İnsanlık öldü.
Başımız sağ olsun mu? Olmasın mı?
Tartışılır.

***

Sırat kıldan ince, kılıçtan keskin,
Ölüm ve hüzünden başka, ruhu ne teskin etsin?

***

Yüzüstü bırakıldığım,
Yarı yolda kaldığım onca yaşanmışlıktan sonra,
Öğrendiğim tek şey var,
'O rahmet kapısı hâlâ açık'.

***

' Nuh (a.s) yok ama hepimizin içinde bir tufan!'

Otuzuncu Harf

Zerk ettiğim dünya, damarlarımdan fışkırırken
faniliğini,
Dönüp nereden geldiğimi bulmanın,
Ve nereye gideceğimi bilmenin amansız sancılarını
ağırladım örs kalbimde.

Gözlerim, yaşamanın ağır vebalini taşırken ferinde,
Ağlayıp, tüm müptela yaşlarımı dökmek isterdim.
Afyonken kalemin dile getirdiği kelimeler,
Yazmaya müsellah bir şair olmak isterdim.

Kof kalbimi hüzne ram olmanın amentüsüyle ıslatırken,
Ceberut ve hoyrat kelimeleri biriktirmişken heybemde,
Apansız haykırmak isterdim.

Ama söyleyemedim...
Dile geldi de kelimeler, ucunda birikti.
Dağılamadı yeryüzüne.
Kahrolsun! Şairler kadar pervasız değilim.

Değilim ben şair, muharrir.
Bildiklerime sığdıracağım bir heybe yok.
Ve konuşmak, anlaşılmak için yetmiyor bildiklerim.

'Otuzuncu Harf'im ben.'

Muahhar olan,
Hüznün ve acının kanatlanıp göğsümü şerh etmesi.

Ey gaibi görüp mistik cümleler kuran!
Sana, durlanmış kelimeler getirdim,
Çünkü seni, muktedir kılacak bilirim.

'Konuşsak kıyamet, sussak kıyamete alamet'.
Ne söylesek, cümleye düşer gibi değil,
Gelmiyor nefese konuştuklarımız...

'Allah, Sabredenlerle Beraberdir,
Yani, en çok, benimle'...

Yaygaralar, feryatlar, ağıtlar aşina kulaklarımıza.
Ey ayetleri göğüs kafesime şerh eden hafız!
Her suresi yüreğime şerha düşen, nakıs olmayan mana!

Dindir efganımı...
Ayetleri çisele kalbime, şifa diye,
El, ayak beni dinç tutan bedenimden,
O kamber hüznü çek...

Hoş Gör Ya Hu!

Nereye baksam sen varsın Allah'ım, hayâ ederim harama bakmaya. Baktığım her yerde sen varsın, duyduğum her seste seni ararım, aradığım her yerde seni anarım. Konuştuğum her kelimenin, kurduğum her cümlenin öznesi sen, yüklemi sen, anlamı sen. Manası sen, mana veren sen. Muamma olan her ne varsa, Aşikar bilmeden, bir kusur ettiysem affola. Sığınırım büyüklüğüne. Yunus Emre, "Gel, gör beni aşk neyledi" derken nasıl bir hüzne giriftar olduysa, aynısından istiyorum ya hu! Cenneti bir elime, cehennemi bir elime verseler ve 'hangisini istersin' deseler. Ben seni isterim ya hu!

Hoş gör ya hu!

Günahlarımı ört, kusurlarımı gizle, bağışla, merhamet eyle.

Ben, kendimi Kabir ehlinden saydım,

Sen, nefsimi ölmüşlerden bil.

Beni bana bırakma.

Hoş gör ya hu!

Hor görüldüğüm bu âlemde, senden başka sığınağım, kapından başka kapım yok. Ben hata ederim, taksiratlarımı sen gizle. Ben isterim, sen bana hayırlı olanı istemeyi nasip et.

Ben benim için hayırlı olanı bilmem, sen benim için hayırlı olanı ver.

Acizane Yüreğimden Rahman'a

Rabbim,
Sözü israf etmek günah sayılmasın n'olur!
Bana öncelikle samimi duanın huzurunu ver.
Beni, ben olan ucub, kibir, riya, enaniyet benliğinden kurtar.
Rıza-i ilahiyeye kavuştur.
Kuran'ı özüyle kavrayabilmeyi,
Namazı dosdoğru kılıp, zekâtı hakkıyla vermeyi,
Yetimi gözetmeyi, komşuyu ihmal etmemeyi,
Küçüğe şefkati, büyüğe saygıyı unutturma.
Rabbim,
Eğer bilmeden bir kusur işlediysem affola!
Bilerek işlediklerim için pişmanım!
Beni,
Pişmanlığımdan emin kıl.
Bana, aynı pişmanlığı tekrar yaşatma!
Allah'ım,
Ben isterim. Hayırsız olsa da isterim.
Çünkü bilirim, bütün şerleri hayra yoran sensin.
Gönlüm, hayır mı, şer mi bilmez, ister.
Sen istediğime değil, istediğine gönlümü razı et.
Dedim ya, Rabbim, ben isterim,
Sen istediğim gibi değil, istediğin gibi kıl beni...
Bu hayatta eksik olan her neyim varsa,
Yine bu hayattaki fazlalıklarımdan tamamla.
Rabbim,
Haşr meydanında toplanırken,

"Sadıklarla Beraber Olunuz" dediğin sadıkların zümresine ilhak buyur.
Kaderimiz, hayatın hayırlısından ibaret olsun.
Rabbim,
Kocaman bir dünya var dışarıda,
Ve en kalabalık, içimiz.
Bizi, halk içinde Hakk sıfatından mahrum etme.
Bizden, göz zinası, kulak zinası, kalp zinası, beden zinasını al.
Bizi, bize bile bırakma.
Ellerimizi tut Rabbim,
Hızır'ın eli olsun omuzlarımızda.
Omuzlarımızı günahımızdan bükme.
Rabbim,
Yolda, edepten yere büküp yürüdüğüm boynumu,
Mahşer günü mahcubiyetten büktürme.
Sana layık bir kul,
Kâinatın kalbi (s.a.v.)'e layık bir ümmet olmayı nasip et.
Rabbim,
Göğsümün arasına sıkıştıramıyorum artık seni,
Göğsüm bana dar geliyor.
Rabbim,
İstediklerim, ilk önce, İstemeyi unutanlar için.
Bana dilediğimi vermeden,
Dileyene, dilediğini ver.
Bundan sonraki hayatım benim için, yakın çevrem için,
Eşim, dostum, arkadaşlarım, iş hayatım, ümmet sıfatım için hayırlı ise nasip et,
Yok eğer değilse, isyan-ı rızadan sana sığınırım ama nasip etme.
Beni, benim soyumdan gelenleri, beni sevenleri, beni sevmeyenleri,

Efendiler Efendisinin yolundan ayrı koyma.
Bana dünyanın en büyük imtihanlarını nasip et ama o imtihanlarda beni nefsime bırakma.
Allah'ım, kimselerin mahşerde görmesini istemediğimiz,
Yapmaktan pişman olduğumuz zül ve büyük günahlarımızı,
Küçüklüğümüze verip, büyüklüğünle ört.
Rabbim,
Kapından başka kapıya düşürme beni.
Yüzüme verdiğin güzelliği, gönlüme ver.
Gönlüme verdiğin güzelliği sevdiklerime ver.
Sevdiklerime verdiğin sevgiyi kâinata ver.
Rabbim, beni içimdeki kıyametten kurtar!
Rabbim,
Sen bağışlayan, affeden. Çok bağışlayan, çok affeden.
Çokça bağışlayan ve çokça affedensin.
Affeyle ve bağışla.
'Kulum' dediğin bir mahluk da ben olayım.
Efendimizin 'ümmetim' dediği bir günahkâr da ben olayım.
Allah'ım, beni gönlümün mutmain olup da,
Ahiret hayatımın razı olmadığı şeylerden uzak kıl ve rıza göstert.
Günahtan utandırma, edepten utanan suretimi.
Sen, senin huzuruna çıkmayanı,
Huzuruma çıkarma Rabbim.
Sen büyüksün!
Sen ığbirsin!
Senin şanın ne yücedir ki,
Affetmeyi seversin.
Bizleri affet, bizleri bağışla!

Bizlere acı ya Rahman!
Kahhar isminle kahret İslam düşmanlarını!
Hastalara Şafii sıfatınla şifa,
Borçlulara eda,
Dertlilere deva nasip et ya Rabbim!
Bana seni hoşnut edeceğim sonuçlar doğuran imtihanlar nasip et.
Rabbim,
Müslüman olmayıp da Müslümanlığı arzulayanlara,
Cehalet ehli olup da, körü körüne İslam dışı yaşayanlara,
Mecburi zannedip başkalarını ilah yapanlara dinini nasip et.
Rabbim, yeryüzünde iyilik için çalışanları, iyiliklerinden alıkoyma,
Onların sayılarını artır.
Yüzlerine bakılınca seni hatırlatacak iyi insanları doldur âleme.
Âlemi bizlere kabre eyleme Ya Rabbim.
Dünya kimin için var olduysa ve var olan ne için sabrettiyse,
Ve bedeli ne olduysa ondan istiyorum Allah'ım.
Ey Yüce Rahman'ım,
'Dağıldık, topla bizi' demek yerine,
'Toplandık, ayırma bizi' demeyi nasip et bir cuma serinliğinde.
Ağırlığı altında ezilmekten korktuğumuz,
Hatırlamaktan utanç duyduğunuz bütün günahlarımızı,
Rabbim döktüğümüz gözyaşlarıyla yıkat.
Huzurunda duracağım o gün,
Yüzüne bakmaya yüzüm olsun.
Sağımın, solumdan ağır bastığı gün,

Al canımı.
Eğer ben nefsime zulmettiysem, sen bana zulmetme.
Rabbim, eksiğim...
Rabbim tamamla...
Rabbim toparla...
Rabbim,
Her şeyin hayırlısı...
Rabbim,
Her şerrin hayırlısı...
Rabbim,
Duanın da hayırlısı...
Rabbim,
Sevginin de hayırlısı...
Rabbim,
Rabbim,
Eşin de hayırlısı...
Rabbim,
İşin de hayırlısı...
Rabbim,
Ömrün de hayırlısı...
Rabbim,
Ölümün de hayırlısı...